KB102527

마음을 깨우는 여행

김철원
내안재 원장

제주의 목사집안에서 태어나 미대에 진학할 꿈을 접고 신학을 공부하던 중,
1980년대 반독재 시위에 가담하여 수감생활을 하였다.

그 후 목사가 되었으나, 가슴을 촉촉하게 적셔주지 못하는 기독교에 아쉬움을
느끼고 교회에서 나와 택시운전을 하며 공장에서 일을 하였다.
틈틈이 장자莊子를 배우고 불교의 싸띠SATI 수행을 접하다 마음에서 그윽한
풍경을 경험하였다.

2013년부터 홍천으로 이사하여
내안재內安齋에서 농사를 배우며 수행을 나누고 있다.

마음을 깨우는 여행

깨어있기 수행법

김철원 지음

선교

오랜 시간 동안
마음의 느낌을 함께 나눈
내안사람들에게
이 책을 드립니다

자연스러운 삶을 위하여

자유스러운 삶을 위하여

자기스러운 삶을 위하여

...

행복을 위한 여행

여행 중인 한 나그네가 시인을 만나 물었습니다.

"선생님은 왜 사십니까?"

시인은 나그네의 질문에 잠자코 있다가, "그런 거 따져 묻지 말고 우리 집 옥수수가 익거들랑 와서 잡숫기나하시오!"라고 대답했습니다.

그리고는 나그네를 향하여 웃음을 건넸습니다.

'세상을 왜 사는가'의 질문은 중요해 보이기도 하지만 한편으론 쓸데없는 것으로 생각될 수 있습니다. 그래서 '그냥 살면 됐지 거기에 무슨 이유를 따로 붙여야 하는가!'라는 식으로 호통을 치면서 질문자의 입을 막아서기도 합니다. 이런 퉁명스러움을 자신의 대답으로 삼으려는 까닭은 문화적으로 선사禪師들의 고압적이면서도 호쾌한 화법에 슬며시 매료된 탓이기도 할 것입니다.

물론 그렇습니다. 인생살이에 구구절절이 따라붙는 이유가 필요하겠습니까. 꽃이 이유를 따라 피는 것도 아니며, 서산의 해도 딱히 어떤 이유가 있어서 지는 것도 아닐텐데 말입니다. 그러나 우리의 삶이 이유와 질문을 송두리째 집어삼킬 만큼 '묻지 말고 살기나 해!'의 차원이 되기 위해서는 이유와 질문을 단박에 날려버릴 만한 내면의 공부가 선행되어야 하고 그 과정에서 뼈와 살이 뭉그러지는 성찰의 나이테가 어지간히 생길 수 있을 때라야 비로소 원만해질 것입니다.

산속의 스승들은 뼈를 깎는 고뇌와 아픔을 작심하여 겪으면서 살림살이에 대한 문제를 넘어선 까닭에 바람이 산을 넘듯 질문없는 질문으로 삶을 살아낸다고 하지만, 먹고사는 동안 무수히 많은 허물을 반복하여 드러낼 수밖에 없는 일상인의 수준에서는 때가 이르렀을 때 자신에게나 스승에게 한 질문을 던지면서 그 질문의 대답을 얻기 위하여 머리를 조아릴 필요가 있습니다.

시장을 가도 '왜 가는가'에 대한 분명한 이유가 서 있는 것처럼, 자신에 대한 성찰이 무르익는 만큼 인생의 기초는 탄탄하고 풍요로워집니다. 그런 다음 그 질문과 대답을 잘 갈무리해서 질문과 대답이 굳이 필요하지 않는 위풍당당한 삶을 살아갈 수 있다면 그로서 족할 것입니다.

나에게 왜 사냐고 묻는다면 '행복하기 위해서…'라고 대답합니다.

위의 시인도 행복을 언어로 설명하는 일이 부질없는 일임을 알아 웃음으로 대답을 대신하였겠지만, 시인을 만나 삶의 의미를 물은 나그네처럼 우리의 삶은 행복을 위한 여행임에 틀림없습니다. 그 행복은 다가올 미래에 어떤 조건이 구비되는 것에서 찾아지지 않고, 이미 나에게 놓여진 조건을 긍정적으로 받아들이며 살아가는 데서 이루어집니다. 세상은 지금·여기 이대로 좋은 것이기 때문입니다. 나는 이 책에서 이야기하려는 '깨어있음'을 만남으로 나의 이런 생각이 도리에 크게 어긋나지 않음을 알게 되었습니다.

나는 아버지 때로부터 기독교를 전수받았고, 교회에서 주는 밥을 먹고 살아왔습니다. 그러나 별로 재미를 느낄 수 없었습니다. 예수에 대한 정보를 접하고 기독교문화에 익숙해지면서 겉으로는 제법 그럴싸하게 보였겠지만, 내 마음이 촉촉하게 적셔지는 체험에는 이르지 못하였습니다.

답답하던 나에게 깨어있음은 가뭄에 단비와 같은 반가움이었습니다. 깨어있음과 가까워지면서 경전에 실린 가르침의 교훈들이 문자와 행간 너머로 툭툭 튀어나와 머리와 가슴 속으로 스며오는 것을 보았고, 별 일 없이 홀로 있었지만 전혀 외롭지 않았으며, 요람에 누인 아기처럼 그 무엇으로 감싸져 있는 안온한 느낌을 가지게 되어 바깥 사물들과 동떨어지거나 낯설지 않은 편안함을 경험하였습니다. 감사했고 좋았습니다. 이런 경험으로 세상은 이대로 훌륭한 무대라는 것, 그리고 나의 일상 구석구석에 피어나고 있는 봄볕 같은 즐거움을 맛 볼 수 있었습니다.

세상은 제 혼자 잘 돌아갑니다. 세상은 제 스스로 잘 놉니다. 사람이 행복하려면 세상이 돌아가는 이치를 내 것으로 받아들여 같이 뒹굴면서 놀면 됩니다. 자기중심적 행위와 관습적 사고로부터 벗어나 존재들이 드러내 보이는 장단과 운율을 마음의 눈으로 바라보고 수용하여 그것을 나의 것으로 삼아 그렇게 살면 그대로 좋습니다.
자기고집을 세우거나 뻐팅기다 보면 낭패를 보기 십상입니다. 그러니까 사람이 행복하려면 세상이 바뀌어지기를 바라지 말고 세상을 바라보는 나의 시선을 바꾸어야 합니다.

『마음을 깨우는 여행』은 있는 그대로의 세계, 즉 존재의 실상을 바라보는 한 방편인 '깨어있기 수행'의 이론과 실제를 소개합니다. 깨어있기 수행은 마음의 깨어있음을 지향합니다. 잠에서 깨면 사물을 밝히 볼 수 있습니다. 마음이 깨이면 존재의 실상을 대면하여 위없는 행복의 자리에 도달하게 됩니다.

출판에 도움을 주신 고은경 님과 건교출판 임동숙 대표께 고마움을 전합니다.
이 책을 손에 쥔 독자들이 깨어있는 삶을 살아 자연스럽고 자유스러우며 자기스러운 행복의 주인공이 되시기를 빕니다.

홍천 내안재 內安齋에서 김 철 원

차 례

마음으로 바라보기

오직 마음으로

현관 앞에 매화나무 한 그루가 서 있습니다. 매화나무를 보는 것은 눈입니다. 우리는 사물을 볼 때 눈을 사용합니다. 그러나 엄밀하게 말해서 눈은 사물을 들여오는 통로의 역할만 합니다. 사물을 보는 일은 마음의 역할입니다. 우리는 마음으로 보고 마음으로 듣고 마음으로 먹고 마음으로 사랑합니다.

사랑을 시작하면 마음이 기쁩니다. 사랑하는 사람과 헤어지면 마음이 아픕니다. 가을에 사랑을 시작한 사람은 노랑은행잎을 보면 즐거워합니다. 가을에 이별을 경험한 사람은 노랑은행잎을 보면 고통스러워합니다.

이처럼 바깥으로부터 다가오는 사물과 현상은 그것을 바라보는 마음의 관점과 상태에 따라 다양한 해석과 흔적을 남기고 거기에서 비롯되는 행복이나 고통의 지수가 다르게 나타납니다. 대상을 인식하는 주체는 마음입니다. 세상을 바라보는 중심자리도 마음입니다.

존재의 실상 바라보기

세계를 구성하는 무수한 은하계, 태양계, 인간, 동식물, 생물, 무생물, 분자, 원자, 에너지, 파동, 신, 악마, 깨달음, 형상이 있는 것, 형상이 없는 것, 이름을 가진 것, 이름을 가지지 못한 것,…. 우주를 구성하고 있는 이 모든 식구들을 일컬어 존재라고 합니다. '존재'는 본래 어떤 의미나 선악, 좋고 나쁨의 구별을 가지지 않습니다.

존재는 존재이며 이대로 완벽합니다. 존재의 질서는 그대로 진리입니다. 하나님은 이 세계를 만드신 후 보시기에 좋다고 하셨고, 부처님께서도 상락아정常樂我淨을 말씀하시면서 일상을 사는 사람들이 마땅히 지극한 행복을 누려야 할 것을 가르치셨습니다.

이렇게 완벽한 세계를 잘 살아가야 하겠지만, 우리에게 행복이 딱 잡히는 것 같지는 않습니다. 그 까닭은 마음에 깊이 뿌리를 내리면서 있는 그대로의 세계의 모습을 바라보

지 못하도록 가로막는 어리석음 때문입니다. 있는 그대로
의 세계의 모습을 '존재의 실상'이라고 합니다.

존재의 실상을 바라보지 못하도록 가로막는 어리석음은
이 세계와 자기 자신을 고정적인 실체로 규정하려는 집착
이나 그 집착이 뜻대로 이루어지지 않는 데서 발생하는 분
노와 같은 노폐물을 확대·재생산하면서 마음을 힘들게 합
니다. 이런 노폐물은 자신의 입맛에 맞는 세계를 가공하
여 받아들이도록 작동되는 까닭에 이미 완벽한 세계임에
도 불구하고 늘상 불완전하다고 느끼는 데서 오는 불안과
그 불안을 해소시켜줄 만한 대상을 찾으려는 헛된 욕망을
부추겨서 우리를 점점 더 깊은 고통으로 몰아넣습니다.

존재의 실상은, 곧이어 《삼성리》에서 알아보겠지만, 상
변常變·무아無我·일체一體라는 세 가지의 거룩한 진리인 삼
성리三聖理 안에서 분명하게 드러납니다. 모든 존재는 상변
과 무아를 특징으로 하여 임의의 형상과 이름을 입고 나타
났다가 사라집니다.
그러나 상변·무아로 전개되는 존재의 파노라마는 그 근원
인 일체의 세계 속에 동일한 맛을 가진 한량없는 자비의
성품으로 감돌아듭니다.

잠들어 있을 때 찾아오는 꿈과 망상은 또 하나의 정신적인 요와 이불이 되어 몸과 마음을 둘둘 말아 결박합니다. 꿈과 망상은 실상이 아닌 허상입니다. 잠으로부터 주인공을 깨움으로 잠에서 벗어나 깨어있음의 상태에 도달하는 일은 빛이 비침으로 어둠이 소멸되는 동시적 사건입니다. 마음을 깨워 깨어있음의 상황으로 인도하는 과정을 수행이라고 하며, 마음에 확보된 깨어있음으로 존재의 실상을 보아나가는 과정을 '깨어있기 수행'이라고 합니다. 깨어있기 수행은 이 책을 통하여 시종일관 함께 해야 할 주제입니다. 깨어있기 수행은 나를 행복의 마을로 데려다 주기에 충분한 멋진 수레입니다. 우리는 이 수레를 타고 마음을 깨우는 여행을 이제 막 시작하였습니다. 깨어있기 수행에 마음을 내어 참여한 사람을 '깨어있기 수행자'라고 합니다.

우리가 빠진 잠은 일상의식에의 함몰입니다. 깨어있기 수행은 일상의식에 함몰된 사람으로 하여금 열려진 자각의식으로 세상을 있는 그대로 바라보도록 의식을 전환시키고, 전환된 의식을 가지고 다시 일상으로 돌아와 행복할 수 있도록 돕습니다.

그 비결은 지금·여기의 나의 몸과 마음에서 일어나고 사라지는 감각과 현상들에 대하여 얼마나 균일하게 평정심을 유지하면서 바라볼 수 있느냐에 놓여져있습니다.

깨어있으면 나는 나의 삶의 주인이 되고 깨어있지 못하면 나는 대상에게 속박된 삶을 살게 됩니다.

깨어있기 수행으로 마음을 살피는 능력을 배양하고 배양된 마음의 능력으로 존재의 실상을 올바로 바라볼 수 있게 된 수행자는 일상에서 상변과 무아를 깨달은 드라이Dry하고 쿨Cool한 지혜에 입각하여 더이상 거짓된 가르침과 허상의 세계를 향한 기웃거림을 떨쳐버리고 서릿발 같은 눈밝음으로 일상을 자연스럽게, 자유스럽게, 그리고 자기스럽게 살아갑니다.
그리고 수행자는 상변과 무아로 전개되는 존재의 진행과정을 지켜보면서 일체의 자리에서 맛본 본성에 대한 확증을 바탕으로 이웃과 신의 영역까지 아우르는 존재 전반을 나의 몸처럼 여기는 극진한 자비의 삶에 도달합니다.

우리 주변에서 만날 수 있는 수행법은 다양합니다. 그러나 존재의 실상으로 가 닿는데 초점이 맞추어지지 않는 수행법은 올바른 의미의 수행법이 될 수 없습니다. 그것은 웰빙Well Being 차원의 또 다른 에고를 고착시킬 뿐, 깨어있기 수행에서 다룰 만한 가치를 가지지 못합니다.

예기치 못한 택배박스

지금 당신은 행복합니까? 당신이 이 책을 읽는 이유는 행복을 위함입니다. 이 책이 행복에 도움되지 않는다면 굳이 이 책을 구입하여 여행길에 오를 필요도 없을 것이고 읽을 필요도 없을 것입니다. 이 책을 읽은 다음 식사를 하고 일터로 나가는 것도 당신의 행복을 위함입니다. 커피, 영화, 예술, 과학, 만남, 섹스, 스포츠, 종교,…. 모두가 행복을 위한 도구입니다. 그러나 가장 큰 행복은 깨어있음으로 자신이 누구인지를 아는 일입니다.

우리는 예기치 않게 언제 어딘가로부터 도착된 택배박스를 받아 들고 있는 운이 좋은 사람들입니다. 택배의 도착이 예기치 않은 까닭은 우리의 탄생과 성장이 나의 의도와 상관없이 이루어진 결과이기 때문입니다.

물론 만물의 존재는 철저하게 원인과 결과에 의존하는 인과관계의 법칙성을 따르지만, 현실에 놓여진 우리의 생존은 전혀 예기치 못했던 일로서, 이는 분명한 반가움이며 행복한 '사건'임에 틀림없습니다.

택배가 도착하면 박스의 포장지를 뜯고 박스 안의 내용물을 꺼내 듭니다. 택배도착이 행복한 사건이 되려면 박스나 포장지에 연연하지 말고 안에 들어 있는 내용물과 즐거울 수 있어야 합니다. 내용물이 인형이면 즐겁게 갖고 놀고 동태이면 맛있게 끓여 먹어야 합니다.

그렇듯이 나의 경우에 있어서, 몸이라는 박스나 이름과 모양이라는 포장지에 끌리지 말고 내 안에 존재하는 내용물을 확인하여 거기에 흠뻑 젖어 들어 행복할 수 있어야 합니다.

자신이 누구인지 아는 일, 박스 안의 내용물을 제대로 대면하는 일은 깨어있기 수행으로 완벽하게 이룰 수 있습니다. 깨어있기 수행은 택배가 왔음을 알게 하고, 포장지를 포장지로 알아 올바르게 뜯게 해 주며, 박스 안의 내용물을 보고 기뻐하고 그와 함께 인생을 즐기도록 인도하는 친절한 안내자입니다.

삼성리

존재의 실상을 밝히는 세 가지 거룩한 원리

시골 비포장도로에서 버스를 타고 갈 때 멀미를 줄이려면 차의 흔들림에 몸을 맡겨야 합니다. 자전거를 타고 코너링할 때도 자전거가 안으로 기울어지는 구심력을 따라 그 기울기에 맞게 몸을 밀어 넣어야 합니다. 세상살이도 마찬가지여서 내가 편안하려면 나를 나 되게 하는 존재의 파노라마에 몸과 마음을 얹혀 놓고 그와 더불어 어울려야 합니다. 이를 승물유심乘物遊心이라고 합니다. 수행에 있어서 승물유심이란 존재의 실상을 편안하게 수용하여 그 실상과 더불어 노니는 삶을 말합니다. 수행은 존재의 실상에 대한 승물유심의 과정입니다.

존재의 실상은 상변·무아·일체의 진리를 확연하게 꿰뚫는 데서 드러납니다. 상변·무아·일체는 존재의 실상을 밝히는 세 가지의 거룩한 원리로서 삼성리입니다. 신은 삼성리의 옷을 입고 자신을 드러냅니다.

상변

존재는 항상 변화합니다. 그러므로 상변常變입니다. 변화하지 않는 것은 존재하지 않습니다.

'모든 존재는 변화한다'는 명제 하나만 변화하지 않습니다. 존재의 변화는 원인과 조건에 따라 생겨나기도 하고 사라지기를 반복합니다. 모든 존재는 새로운 존재를 향하여 언제든지 열려있기 때문에 현상적으로 드러난 존재는 가상적이며 임시적입니다.

오늘 각설이를 연기하는 배우가 다른 무대에서는 햄릿을 연기할 수 있습니다. 감독이나 각본에 따라 배우의 역할이 달라집니다. 존재 역시 원인과 조건에 따라 형상과 이름을 바꾸며 변화에 변화를 거듭합니다.

배우 안에는 각설이와 햄릿이 가상적으로 존재합니다. 배우 따로 각설이 따로 햄릿 따로 존재하지 않고 배우 안에 각설이와 햄릿이 상호의존적·상호침투적으로 녹아있습니다. 배우가 각설이이고 햄릿이며 햄릿이 각설이이고 각설이가 햄릿입니다.

현상적으로 드러난 개체 안에 그 개체를 성립시킨 원인과 조건이 배어있으며 원인 안에 조건이 있고 조건 안에 원인이 있습니다. 따라서 원인이 조건이고 조건이 원인입니다. 원인 안에 결과가 있고 결과 안에 원인이 있습니다. 여름 안에 겨울이 있고 겨울 안에 여름의 씨가 자라고 있습니다. 현상적으로 드러나 보이는 사물은 제각기 따로따로인 것으로 보이지만 사실 그 안에는 그렇게 될 만한 원인과 조건이 이미 내재하고 있습니다.

그러므로 상변하는 존재의 실상 차원에서는 이것과 저것을 나누어 보려는 이원론이나 가치의 차별을 두는 분별심, 그리고 변하지 않는 낱낱의 존재를 상정하는 개체론個體論이 적용될 수 없습니다. 상호의존이요 상호침투인 세계 안에서 이것과 저것으로 구분짓고 나누려는 인위적인 노력은 관념의 횡포에 해당합니다.

변화를 거듭하는 존재 안에 내장된 원인과 조건은 인간의 기대나 바람과는 상관없이 또 다른 인연에 따라 다른 모습의 사물로 몸바꿈할 수 있는 만반의 준비를 항상 갖추고 있습니다. 오늘의 꽃은 내일의 구름이 되며 지금의 동그라미는 언젠가는 다각형의 도형으로 변화합니다.

따라서 삼위三位가 일체一體이고 일체는 삼위로 나타나며, 중생이 부처로 부처가 중생으로, 죄인이 하나님으로 하나님이 죄인으로, 고랑이 이랑으로 이랑이 고랑으로 상변합니다.

무아

존재는 원인과 조건에 따라 생성소멸을 반복함으로 거기에는 변화하지 않는 고정된 개체가 존재하지 않습니다. 변화하지 않는 고정된 개체를 일컬어 '나'라고 합니다. 따라서 원인과 조건에 따라 생성소멸을 반복하는 존재의 세계에서 나는 존재하지 않습니다.

현상적으로 나는 존재합니다. 그러나 그 나는 매우 허약한 삭정이에 얹혀진 불확실한 것으로서 '이것이 나다'라고 할 만큼 견고한 실체를 갖지 못합니다. 이런 나를 가리켜 임시적이며 허상적인 나로서 무아無我라고 합니다.

무아는 '내가 없다'가 아니라 '내가 있으되 임시적으로 가상적으로 보이고 느끼는 정도에 따라 존재한다'는 의미입니다.

수행자가 깨어있기 수행으로 상변을 체감하면 상변은 나에게로 삽시간에 전이되어 무아로 체험됩니다. 들판을 태우던 불이 내가 사는 집으로 옮겨 붙으면 나의 집을 송두리째로 삼켜 회색빛 잿더미로 무화無化시키는 과정과 같습니다.

무아는 상변이 수행자에게 체험된 결과로서, 무아의 자리에 도달했을 때 비로소 존재의 실상에 진입하게 되어 의식의 전환과 인식의 변화가 나타나게 됩니다.

나는 존재하지 않습니다. 나의 실상은 무아입니다. 수행자가 무아를 철견徹見하게 되었을 때 수행은 종료됩니다.

일체

파도와 바다는 다르지만 다르지 않습니다. 다르다는 의미는 파도와 바다의 현상과 형상에 따른 구분입니다. 부지런히 일렁이면서 셈여림과 높낮이를 번갈아 바꾸다가 사라지는 파도는 늘 묵직한 바탕으로 자신을 떠받치고 있는 바다와는 그 모습이 다릅니다. 그래서 파도는 바다와 다릅니다. 그러나 파도와 바다는 다르지 않습니다. 다르지 않은 것은 파도와 바다는 그 본성인 물이 가지는 짠맛으로 동일하기 때문입니다.

마찬가지로 모든 존재는 상변과 무아를 특성으로 현상세계에서 다양한 형상과 이름으로 자신을 드러냈다가 사라지기를 반복하지만, 존재의 전개과정 밑바탕에는 각 존재를 성립시키는 근원적인 성품이 자리잡고 있습니다. 이는 마치 나무의 여러 가지가 한 뿌리로부터 비롯되는 이치와 같습니다. 이지동근異枝同根입니다.

상변하는 존재는 그 근원에서 일체一體를 이룹니다. 일체의 자리에 놓인 근원적인 성품을 신성神性, 불성佛性, 혹은 공空이라고 합니다.

일체의 자리에 놓인 근원적인 성품은 에너지의 성격을 띱니다. 이 에너지는 만물을 만물되게 하는 에너지로서, 물리적인 힘으로 드러나기도 하지만 만물이 조화롭게 생멸하면서도 서로 다툼 없이 공생하도록 질서를 부여하는 인격적인 의식으로 작용하기도 합니다.

일체의 자리에 놓인 에너지는 아무리 작용에 작용을 거듭해도 닳거나 모자라지도 않고, 넘치지도 기울지도 않습니다. 일체의 에너지는 항상 자신의 평형을 유지하면서 상변의 물레를 돌립니다.

삼성리에서 바라보는 나

상변·무아·일체의 삼성리는 무아의 자리에서 볼 때 비로소 진리가 됩니다. 에고의 찌끄러기가 남아있는 유아有我의 자리에서 삼성리는 관념으로 이해됩니다. 관념은 존재의 실상이 아니라 에고가 그려내는 허상의 그림자입니다.

삼성리를 깨닫고 존재의 실상에 가 닿으려는 노력의 성패는 결국 무아의 획득여부에 달려 있습니다.

나의 몸은 이백여 개의 뼈와 피, 그리고 단백질의 조합으로 이루어져 있고, 나의 마음은 경험과 생각이 빚어낸 이미지의 다발로 형성되어 있지만, 이 또한 몸과 마음을 이루는 원인과 조건들의 연속적인 결합과 변화, 해체과정을 거치면서 가상적이고 임시적으로 드러난 나 아닌 나로서 상변의 존재입니다.

점심에 먹은 설렁탕은 나를 이루는 양분이 되었기에 나이지만, 그 양분이 몸 밖으로 배출되어 사라졌으므로 나가 아니며, 지난 주말에 본 영화의 장면은 내 마음에 저장된 이미지로서 나이지만, 기억만을 남긴 채 나를 떠나버린 것이므로 나가 될 수 없습니다. 나를 이루는 견고한 요소는 어디를 찾아보아도 보이질 않습니다. 그러므로 나는 무아입니다.

그럼에도 불구하고, 그 나를 성찰하려고 여기에 앉은 나는 설렁탕의 영양소와 영화의 이미지가 결합되어 형성된 나이며, 이 결합과정에는 설렁탕 한 그릇이 되기까지 참여한 햇빛이나 바람, 축산농부의 땀과 도축된 소 등의 수많은 조건들과 영화제작자의 예술적 감수성과 고뇌가 곁들여진 나로서, 나에게는 나 아닌 것들이 총합적인 일체로 존재합니다.

수행이 덜 무르익어 삼성리에 대하여 관념적 차원에 머물러 있는 수행자는 존재를 바라볼 때 자신과는 분리된 타자他者로 인식하게 되고, 이와 같은 분별심은 상변의 실상을 타자로 인식되는 존재들에게로만 국한시키려 하면서 자신을 상변의 실상으로부터 떼어놓으려고 합니다. 이는 상변을 두려워하면서 변화하지 않는 고정된 개체로서의 나를 숭상하려는 에고의 저항에 따른 반응입니다.

그러나 상변의 실상을 절실하게 깨우친 수행자는 상변하는 존재를 인식하는 순간, 인식의 주체인 자신마저도 이미 상변의 용광로 속으로 타 들어가, 그렇게 타버린 자신도 본래 상변적 존재로서 무아임을 체감하게 됩니다.
존재도 상변함으로 무아이며 나도 상변함으로 무아입니다. 존재와 나를 가르고 쪼개려는 뿌리깊은 분별심은 차근차근한 깨어있음으로 극복할 수 있습니다.

삼성리에서 바라보는 물

수소분자(H) 두 개와 산소분자(O) 한 개가 결합하면 두 인자 속에 존재하지 않던 물질로서 물(H_2O)이 생성됩니다. 이때의 물이란 물로 존재하는 현상의 차원에서는 물이지만 그 본질에 있어서는 물이 아닙니다. 물은 수소와 산소의 일시적 결합체로서의 존재입니다.

또한 수소는 수소이되 수소가 아니며, 산소 역시 산소이되 산소가 아닙니다. 수소와 산소는 수소와 산소라는 고유한 형질로 드러나기 이전에는 물질 단위에 포함될 수도 없는 아원자亞元子의 하나로 공간 속에 존재하였을 것입니다.

물도 마찬가지입니다. 물은 관찰자의 눈앞에 물이라는 물질의 현상으로 존재하지만 물은 항상 다른 차원의 물질로 변화할 수 있는 가능성을 열어놓고 존재하는 가변적 존재로서의 물입니다. 물이라는 존재에 다른 조건의 힘이 가해지면 물은 언제든지 해체되어 물 아닌 다른 특성을 지닌 인자들과 그들의 결합으로 변화합니다. 그러므로 물은 언제나 물이 아니며, 수소는 언제나 수소가 아니며, 산소 역시 언제나 산소가 아닙니다.

물, 수소, 산소, 이들의 존재는 항상 끊임없는 변화의 과정을 거치므로 상변이며, 무한한 변화의 관계 속에 노출되어 있는 까닭에 고정된 물이나 수소, 그리고 산소가 되지 못하므로 무아이며, 물과 수소와 산소가 서로 연결된 관계 속에서 임시적으로 결합하여 존재하지만 그들은 결국 우주만물의 바다에서 서로가 서로에게 의존하면서 전체를 이루는 까닭에 일체가 됩니다.

수행자가 삼성리를 철견하면 삼성리야말로 우주의 진리를 폐기에 넉넉하고도 질긴 실상임을 의심없이 아는 지혜에 도달하게 됩니다. 이 지혜는 실상에 근거한 것이므로 일점 일획도 가감할 수 없는 최상의 지혜입니다.

이후로 수행자는 혼돈과 어리석음에 유혹당하지 않으며 끊임없이 달려드는 진부한 질문에 시달리면서 자신을 마모시키지 않습니다. 지혜를 바탕으로 볼 것을 보고 들을 것을 들으며 다시 일상으로 돌아옵니다.

지혜의 눈을 가지고 일상으로 돌아온 수행자는 지혜의 빛으로 세상을 바라봅니다. 지혜의 눈을 가진 그의 시야에 상변하는 세계가 들어옵니다. 세계의 상변을 바라보면서 상변의 파노라마 속에 이미 자신이 용해되어 있음을 압니다. 상변은 자신의 언어이며 노래이며 상변의 우주는 자신의 집임을 압니다.

내 집안에 함께 존재하는 뭇 존재들을 바라보며 그들의 언어와 행위에 공감합니다. 지극한 닮음과 유사성, 그리고 깊은 친밀감, 또한 전혀 낯설지 않은 동질감을 느낍니다. 존재들 속에 자신과 공유된 존재론적 DNA가 있음을 감지합니다. 결국 상변의 존재들은 나 아닌 나임을 자각합니다. 이제 후로는 그들을 나의 형제요 자매로, 나의 이웃으로 사랑하는 자비의 실천만 남았음을 압니다.

상변과 무아는 사대의 생멸로 감지된다

상변과 무아로 전개되는 존재의 실상은 수행자에게 사대四大의 생멸生滅로 감지됩니다.

사대의 생멸은 그 과정이 너무나도 빠르고 연속적이어서 깨어있음으로 인식의 배율을 높이는 과정을 경험하지 못한 사람들은 사대의 존재와 그 생멸을 알아차릴 수 없는 까닭에 자신의 몸과 마음이 영원한 실체인 것으로 착각을 일으킵니다. 그러나 수행자는 사대의 빠르고 연속적인 생멸현상을 명료하게 통찰함으로 상변과 무아를 신뢰하는 일에 아무런 거리낌이 없습니다.

사대는 자연현상에 따라 땅의 성질지대地大, 물의 성질수대水大, 불의 성질화대火大, 바람의 성질풍대風大로 나눕니다.

지대는 무겁고 딱딱한 성질을 말합니다. 지대는 살과 뼈로 이루어진 몸처럼 무게감으로 다가옵니다. 수대는 축축함과 처지는 성질을 갖습니다. 피와 땀, 수액, 진액 등과 같

034

은 수분을 함유한 성질이나 이것들의 수축하고 팽창하는 현상이 해당됩니다. 화대는 따뜻함이나 차가움과 같은 열기의 상태를 말하는데, 증오가 일어났을 때나 화를 내어 흥분하게 되는 경우, 그리고 기운이 가라앉아서 심리상태가 의기소침해지는 현상 등이 해당됩니다. 풍대는 가벼운 느낌이나 공기의 흐름을 말합니다.

좌선의 기준점인 아랫배의 일어나고 사라지는 현상은 풍대입니다. 행선에서 발바닥이 바닥에 닿을 때의 무겁거나 딱딱한 느낌은 지대이며, 축축한 느낌이 드는 것은 수대, 그리고 발이 이동할 때 발가락 끝으로 느끼게 되는 바람의 속도감은 풍대, 몸에서 통증이 일어나면서 열기를 느끼게 되는 것은 화대입니다. 이 부분은 깨어있기 수행의 실제를 다룰 때 다시 한번 살펴보겠습니다.

사대의 특성

사대는 고체처럼 고정된 위치나 부피를 갖고 있지 않지만, 작용에 따른 특성은 지니고 있습니다. 사대의 주된 특성은 운동성입니다. 사대의 운동에는 일정한 궤도를 필요로 하지 않습니다. 또한 일정한 법칙을 띤 원리가 적용되지 않습니다. 사대에 적용되는 유일한 법칙이란 불규칙적 운동을 끊임없이 반복한다는 점입니다. 때로는 무거움으로, 때로는 축축함으로, 때로는 열기로, 때로는 빠름으로, 어떤 때는 직선으로, 어떤 때는 곡선으로, 어떤 때는 감각으로 드러나고, 어떤 때는 감각이 알아채지 못할 정도로 미세하게 일어났다 사라지기를 반복합니다.

그러므로 사대는 일반물질의 경우처럼 크기나 무게로 파악되지 않습니다. 크기나 무게로 파악되지 않는다고 해서 사대를 정신적인 영역에 속하는 것으로 볼 수도 없습니다. 사대를 규정하자면 물질과 정신의 경계를 오가며 존재하는 특수한 상태로서 사물의 탄생과 성장, 그리고 소멸을 가능하게 하는 일종의 에너지이며, 물질을 이루는 최소단위의 입자보다 더욱 미세하여 예측 불가능한 파동의 선율로 존재하는 생명의 기운으로 볼 수 있습니다.

따라서 사대는 우리의 몸과 마음을 비롯하여 사물의 성질과 형태를 결정하는 요소로서, 미시적인 차원에서 물질과 정신의 교차점에 존재하면서 활동하는 신묘한 '그것'이라고 할 수 있습니다.

사대의 특성에 대하여 깨어있으면 나의 몸과 마음은 변화 무쌍한 사대의 운동성 가운데 형성된 느슨하면서도 얼기 설기하게 엮어진 가합假合의 구성체임을 알게 됩니다. 특성에 대한 알아차림이 더욱 활성화되면 지·수·화·풍의 특성들이 각각 몸의 신경회로와 연결된 마음의 공간을 타고 빠르게 일어났다가 사라지는 현상을 감지할 수 있습니다.

그것은 마치 나무둥치를 타고 오르락내리락하는 개미들이 기어왔다 사라지고 이어서 또 다른 개미떼들이 몰려오면서 다시 사라지기를 거듭하는 장면에 비유할 수 있고, 하늘에 흐르는 구름을 고속촬영했을 때 모임과 흩어짐을 반복하면서 상상으로 따라잡을 수 없는 형상들을 부단히 연출해내는 현상과도 흡사합니다.

깨어있기 수행자는 사대의 특성에 대한 깨어있음을 통하여 삼성리의 상변·무아·일체의 현상이 자신의 몸과 마음에서 한 치의 오차도 없이 진행되고 있음을 알게 됩니다.

인생은 괴로움苦일까요, 즐거움樂일까요. 앞에서 인간의
행복은 인식의 문제라고 했습니다. 일상과 사물을 어떤 눈
으로 보느냐에 따라 행복과 괴로움이 결정됩니다. 그러나
순수한 물의 맛이 무미無味한 것처럼, 인생은 괴롭지도 않
고 즐겁지도 않습니다. 괴롭다는 것도 실체가 없는 말이고
즐겁다는 것도 실체가 없기는 마찬가지입니다.

존재는 존재입니다. 인생은 인생입니다. 아래의 《존재를
바라보는 수준》에서 살펴보겠지만, 존재에 대한 가치판단
에서 떠나 사실판단으로 볼 때 인생은 의미부여 되기 이전
의 모습으로서 인생입니다. 의미부여 되기 이전의 인생이
라고 해서 무채색의 인생으로 무의미하다는 말은 아닙니
다. 오히려 이 말은 삼성리의 날줄과 씨줄로 짜여있는 인
생에는 인간이 자신의 관점에 따라 부여하려는 의미로 규
정될 수 없는 신비로움이 담겨져 있음을 뜻합니다.

삶의 신비로움은 실상을 따라 세상을 바라보는 사람에게
긍정적인 에너지와 창의적인 기운을 제공합니다. 이 긍정
적이고 창의적인 에너지는 자신에게 주어진 괴롭지도 즐
겁지도 않은 인생을 행복한 것 그 자체로 인식할 수 있는

지혜의 눈을 틔워줍니다.

그러므로 인생이 괴로움인가 즐거움인가를 성찰할 때, 즐겁게 생각되는 것 뿐 아니라 괴롭게 생각되는 것까지도 나의 행복을 위한 소중한 조건이 되게 하려면, 행복을 추구하려는 사람의 관점이 삼성리에 얼마나 순응적인가 아니면 역행적인가에 있다는 점을 기억해야 합니다.

그 과정에서 지혜로운 수행자는 이렇게 성찰합니다.
"존재는 상변한다. 존재의 일원인 나 또한 상변한다. 따라서 존재도 그 존재를 바라보는 나도 무아이다. 그러므로 나는 무아의식을 가지고 오늘을 살아야 한다." 이처럼 상변하는 존재의 실상을 알고 나 자신의 무아를 뚜렷하게 안 다음 그 패턴에 자신을 몸 맡겨 승물유심했을 때의 삶은 순조롭고 즐겁습니다.

반면, 어리석은 수행자가 생각하기를, "존재가 상변이더라도 나는 고정적인 실체일 것이며, 나는 변화를 따르지 않고 버텨야겠다. 내가 어찌 소멸할 수 있겠는가!"라고 실상의 원리에 역행하는 태도를 보인다면, 거기에서는 괴로움이 생겨날 수밖에 없습니다.

상변에 무아이면 즐겁고 행복하지만, 상변, 혹은 불변不變에 유아이면 그 인생은 괴로움과 고통에 빠지게 됩니다. 그러므로 인생의 괴로움이나 즐거움, 그리고 그 속에서 행복을 경험하는가 그렇지 못한가의 문제는 전적으로 인식의 태도에 따라 결정됩니다.

존재를 바라보는 수준

삼성리에 대한 서술은 수행체험의 결과입니다. 그렇지만 수행을 경험했든 그렇지 못했든 나를 포함하여 주변사물과 세계를 바라보고 인식하는 관점은 대체적으로 다음의 세 가지 수준에서 이루어집니다.

가치판단

경험이나 생각, 관념, 관습, 이름, 의미, 혹은 종교적 교리나 이미지를 통하여 존재를 판단해 들어가는 태도를 존재에 대한 가치판단이라고 합니다. 가치판단은 편견에 의한 왜곡의 정도와 고집스러움의 강도가 너무 커서 존재의 실상을 보는 데 가히 절망적입니다.

가치판단에 빠지기 쉬운 대표적인 사람들은 타계적 종교

를 가진 신앙인들이라고 할 수 있습니다. 이들은 존재의 실상을 알지 못한 채로, 마음에 담겨진 갈망을 멀고 먼 어느 곳에 고정불변하게 존재할 것으로 생각되는 초월적 인격신에게로 투영시켜서 그 신을 추앙하는 자신마저도 고정불변한 나로 착각하는 오류를 범하게 됩니다.

이들의 관심은 지나치게 타계적이어서 지금·여기에 대한 집중을 상실하고, 고정불변성의 세계관을 바탕으로 고정불변한 나의 갈망을 채우기 위한 에고의 몸집 부풀리기에 평생을 허비합니다. 이는 자아의 고정불변성을 희구하는 에고의 어리석음이 고안해 낸 거대한 우주적 망상 시스템으로서, '거룩함'의 이미지로 쌓아 올린 허상의 사상누각에 지나지 않습니다.

이와 같은 망상 시스템이 깨어있음의 정교한 눈으로 대체되지 못할 경우, 에고가 생산해 내는 어리석음은 고딕 성당의 종소리를 타고 확산되고 사원의 독경소리를 타고 춤을 추며 삼계三界로 뻗어 나갑니다.

가치판단에 사로잡힌 사람이 존재를 존재대로 보려면 자신이 머물고 있는 가치판단의 카테고리가 망상임을 깨우칠 수 있어야 합니다. 그렇게 되기 위해서는 현실에 대한 절박한 문제의식과 더불어 '나에겐 더 이상 이것이 아닌데!' 라는 실존적 항변이 의식의 바깥으로 터져 나와야 합니다.

새가 알을 깨고 나오려는 의지를 제 스스로 보이지 않고서는 탁 트인 창공을 경험하기는 불가능합니다.

사실판단

존재의 실상을 바라보려면 실재판단을 할 수 있어야 합니다. 그러나 육안으로 직접 태양의 밝기를 감당할 수 없듯, 실재는 경험이나 생각, 관념, 관습, 이름, 의미, 혹은 종교적 교리나 이미지, 그리고 왜곡된 감각기관을 가지고서는 측정되거나 판단될 수 없습니다.

존재에 대한 실재판단은 사실판단을 통하여 이루어지는데, 사실판단은 사대의 요소들이 가지는 특성에 대한 깨어 있음으로 얻어집니다.

존재를 의미나 생각, 그리고 모양 위주로 보게 되면 존재를 바라보는 사람의 마음에 입력된 오염원의 작용에 따라 대상을 구분하고 차별하여 존재의 허상에 집착하게 되므로 가치판단에 빠지게 되지만, 사대의 특성에 주목하게 되면 보고 듣고 접촉할 때 발생되는 인식의 지점에 깨어있음의 초점을 내려놓게 되어 보다 수준 높은 사실판단에 도달할 수 있습니다.

똥이 방안에 있으면 오물이 되고 밭에 던져져 있으면 거름이 됩니다. 그러나 똥 자체에 거름이 되고 오물이 되는 본성이 따로 존재하는 것은 아닙니다. 단지 사람들의 경험과 기억에 따른 의미부여와 일상의 필요에 따라 오물로 취급되거나 거름으로 대접받게 됩니다.
똥은 똥을 이루는 특성들이 임시적으로 결합되어 있는 물질로서 그저 똥일 뿐입니다. 사실판단은 똥의 실체없음을 알아 똥을 똥으로 보는 것입니다.

어린아이들은 존재에 대한 사실판단을 하는데 자연스럽습니다. 가치의 분화를 경험하기 이전의 아이들은 노랑색 바나나를 보면 그냥 노랑색 바나나로 봅니다. 노랑색을 보면서 똥의 빛깔을 연상하지도 않고 바나나를 똥의 모양으로 생각하지도 않습니다. 십자가를 보거나 연꽃을 보아도 특정한 종교의 눈으로 바라보면서 의미부여를 하지도 않습니다. 그냥 재미없게 생긴 나무토막이요, 한 송이의 예쁜 꽃으로 인식합니다. 노랑색은 노랑색이며 나무토막은 나무토막이며 꽃은 꽃이며 똥은 똥입니다.

실재판단

실재는 보려고 해서는 보여지지 않습니다. 존재의 세계는 존재를 인식하는 사람의 깨어있음의 수준을 반영합니다. 실재는 깨어있음으로 존재 가운데 드러나는 사대의 특성을 성찰하고 그 성찰을 통하여 존재에 대한 실상을 알아차리는 사실판단을 지속적으로 해나감으로 마음의 깨어있는 힘이 폭발적으로 증가하게 되었을 때 홀연히 꽃잎이 열리듯 피어납니다.

사대의 특성에 대한 깨어있음으로 사실판단의 힘을 키워가는 노력은 의미부여나 가치판단으로 옷 입혀지기 이전의 존재자체에 주목하는 일입니다. 그것은 택배박스와 포장지를 넘어서서 그 안의 내용물을 오롯이 대면하는 차원이라고 할 수 있습니다.
실재판단은 삼성리를 깨쳤을 때 비로소 확연해집니다.

깨어있기 수행이란?

다음 장, 《마음으로 깨어있기》에서 수행의 실제를 공부하기 전에 미리 정리하고 있어야 할 이론들을 몇 부분으로 나누어 살펴보겠습니다. 여기에는 깨어있기 수행의 기초적인 이해에 해당하는 '깨어있기 수행이란?'을 비롯하여 '깨어있음의 몇 가지 관심', '수행법과 기술에 앞서는 질문', '수행자의 마음가짐'이 포함됩니다.

깨어있음, 깨어있기 수행

깨어있음은 몸과 마음에서 일어나고 사라지는 감각과 현상들에 대하여 평정심을 가지고 반응 없이 바라보는 일입니다.

깨어있기 수행은 자신의 몸과 마음에서 일어나고 사라지

는 감각, 생각, 감정, 느낌, 자극 등 제반 현상들에 대하여 어떠한 선택이나 반응 없이 관찰하는 명료한 알아차림으로써, 존재의 실상인 삼성리에 접근해 들어가는 수행법입니다.

따라서 깨어있기 수행은 보는 것을 바로 볼 수 있는 눈이 되도록, 듣는 것을 바로 들을 수 있는 귀가 되도록, 존재를 들여오는 감각기관이 존재 그대로를 들여올 수 있는 청정한 통로가 되도록 몸과 마음을 성찰하는 실제적인 과정입니다.

반응 없는 평정심

깨어있기 수행은 평정심을 바탕으로 진행됩니다. 수행은 몸과 마음이 기대하는 바를 이루기 위한 과정이 아닙니다. 흔히 우리가 일상에서 기대하는 바란 에고가 구축한 생존 방식에 따른 욕망이 대부분입니다. 이 욕망은 크게 두 가지 방향에서 나타나는데, 하나는 부드럽고 감미롭고 편안하고 유쾌한 것들로서, 이것은 다가오기를 바라는 '갈망'으로서의 욕망으로 나타납니다. 다른 하나는 불편하고 사납고 어둡고 무거운 것들로서, 이들은 다가오기를 바라지 않는 '혐오'로서의 욕망으로 나타납니다.

바라는 갈망이든 바라지 않는 혐오이든 욕망을 생산하는
에너지로 그 성분이 동일합니다. 깨어있기 수행에서는 갈
망과 혐오에 대한 좋고 싫음에 상관 없이 몸과 마음에서
일어나는 감각과 현상들을 일어나는 그대로 바라보는 훈
련을 합니다.

수행을 시작하면 우선 몸에서 나타나는 감각들과 마주하
게 됩니다. 감각은 부드럽고 감미롭고 미세한 것들과 거
칠고 격렬하고 불쾌한 것들입니다. 일상에서는 부드럽고
감미롭거나 미세한 것을 대하면서 '좋다'고 여겨 그것을
가지려고 하고, 거칠고 격렬하고 불쾌한 것들에 대해서는
'싫다'고 여기면서 밀쳐냅니다. 그러나 깨어있기 수행에서
는 이런 느낌의 감각들을 있는 그대로 취사선택 없이 바
라봅니다.

그저 바라보기만 하면 격렬하고 불쾌한 것들이 미세한 파
동으로 변화되면서 용해되는 것을 경험할 수 있습니다. 이
때 신비로움을 느끼면서 '아, 좋다!'라는 느낌에 빠져들면
안됩니다. 싫다는 느낌에 대해서도 '이것은 불쾌한 것이다!'

라고 밀쳐내려 해서도 안됩니다. 좋다는 느낌도 싫다는 느낌도 있는 그대로 바라보아야 합니다.

좋다는 것과 그에 대한 느낌, 싫다는 것과 그에 대한 느낌도 상변이며 무아인 까닭에 실체가 없으므로, 바라보기만 하면 사라짐을 볼 수 있습니다. 아무런 반응 없이 바라보는 자세가 평정심입니다.

반응을 멈춘다면 수동적 인간이 되어야 하는가

수행을 알지 못하던 과거에는 대상들에 대한 맹목적 반응에서 비롯되는 거치른 행위가 주류를 이루었습니다. 그 행위는 에고의 패턴에 따른 집착적인 것이었습니다.

반응을 멈춘다는 것은 노트북에 커피가 엎질러졌을 때 '큰일 났네!'하면서 수동적으로 지나치는 것이 아닙니다. 반응을 멈춘다는 의미는 커피를 마시면서 서류작업을 해야 하는 두 가지 동작 가운데 끼어드는 무의식적인 조급함이나 싫증과 같은 갈망과 혐오의 느낌들에 대하여 매 순간순간의 자각된 의식으로 깨어있다는 말입니다.

깨어있을 수만 있다면 부득이 저질러지는 실수에 대한 원인을 파악하여 재발을 방지하게 되고, 적극적이며 창의적인 자세로 행위의 결과를 수용할 수 있습니다.

심연으로의 여행

깨어있음은 몸과 마음의 거친 표면에서 미세한 심연으로의 여행을 안내합니다. 생활과 생존에 초점이 모아진 일상의식을 가지고 살아가는 우리는 평소에 나에 대하여 잘 알지 못합니다.

일상의식으로 몸에 대하여 안다는 것은 고작해야 얼굴의 생김새나 피부를 이루고 있는 살갗의 형태, 그리고 지대에 해당하는 몸 전체의 덩어리에 한정되고, 마음에 대해서는 과거에 얽힌 추억이라든지 미래의 기대로 이미지화된 나, 그 사이에서 정형화된 선입견으로 구조화된 나, 혹은 고민이 있어서 걱정스럽다든지 원하는 것이 이루어져서 기쁘다는 정도의 피상적인 앎에 그칩니다.

이처럼 몸과 마음에 대한 표면적인 앎은 일상의식이 분포된 차원이 그만큼 얕은 것임을 말해줍니다. 몸과 마음의 구조는 표면적인 모양이나 현상으로 설명할 수 없는 심연의 작용에 의하여 결정됩니다. 몸의 표면의 상태는 내부의 장기와 그 장기를 이루는 조직과 세포가 연결되어 이루어지는 생리작용이 얼마나 건강한가에 따라 결정되고, 마음은 일상의식을 떠받치고 있는 더 깊은 심연으로서 무의식에 자리잡은 기억이미지들의 오염 정도에 따라 직간접적인 영향을 받습니다.

지금까지 우리는 일상의식을 좇아 유쾌하다고 생각되는 것을 끌어안으려는 갈망과 불쾌하다고 생각되는 것을 밀쳐내려는 혐오 사이를 왕복하는 패턴화된 반응으로 고통을 스스로 만들며 살아왔습니다. 그러나 반응으로 반응하는 대신 평정심으로 바라보면 갈망과 혐오를 일삼던 마음작용은 정지합니다. 이어서 에고의 명령을 따라 마음표면에 굴러다니며 고통을 생산해내던 노폐물과 거기에 기생하는 정신적인 유해성분들이 깨어있음으로 생성된 지혜의 샘물에 희석되면서 활동력을 잃고 잦아듭니다.

표면의 노폐물이 잦아들면 표면의 노폐물에 눌려 드러날수 없었던 심연의 노폐물들이 의식의 층으로 올라와 수행자와 대면하게 됩니다.
이때 드러나는 심연의 노폐물들은 오래된 과거의 상처들

일 수도 있고, 의식적으로 드러내기를 회피하려고 했던 심층의 컴플렉스나 트라우마에 해당하는 것이어서 수행자를 곤란에 빠뜨릴 만큼 막강한 파괴력을 동반하기도 합니다. 또한 이와는 반대로 과거의 어느 한 기억이미지로부터 생겨나는 감미로운 추억이 올라올 수도 있고 수행자의 마음에 간직된 종교적 상징과 맞물려 나타나는 신비로운 현상을 경험하게 될 수도 있습니다. 이런 노폐물들을 대면하게 되면 수행자는 낯선 공포감이나 두려움, 혹은 몸과 마음이 비상하는 듯한 환희심에 사로잡히게 됩니다.

이 지점을 어떻게 통과하느냐가 마음을 깨우는 여행에 참여한 수행자에게 중요한 과제입니다. 심연에 잠재되어 있던 노폐물들이 나타나면 두려움에 빠지거나 환희심에 들뜨지 말고 장애물을 돌파하는데 지혜를 줄 만한 수행지도자를 찾아 현상을 솔직하게 이야기하고 조언을 구해야 합니다.

일상의식은 일상에서 통용되는 도구입니다. 마음 속의 지하자원을 캐내기 위해서는 거치른 장애물을 돌파하여 심연 깊이까지 뚫고 들어갈 수 있는 고성능의 의식이 필요합니다. 고성능의 의식을 자각의식이라고 합니다. 자각의식은 깨어있음의 힘이 향상되었을 때 일상의식을 포괄하는 의식으로서 사실판단과 실재판단을 할 수 있는 위력을 장착하고 나타납니다.

자각의식은 이 여행에 동참함으로 얻게 되는 값진 자산입니다. 아마 여행의 중간 코스쯤부터 자각의식의 진면목을 볼 수 있을 것입니다.

깨어있음의 대상

깨어있기 수행은 나의 몸과 마음에서 일어나고 사라지는 모든 현상들과 나를 둘러싸고 있는 존재일반을 대상으로 합니다. 그러나 여러 마리의 토끼를 한꺼번에 잡기는 힘든 일입니다.

깨어있음은 우선 몸에서 일어났다가 사라지기를 반복하는 감각을 주시합니다. 감각은 표면적이고 거칠며 날카롭고 둔탁하여 움직임과 느낌을 잡아내기가 비교적 쉽습니다. 그러나 마음에서 일어나는 현상들, 느낌, 망상, 화, 짜증 등은 어느 정도 감지할 수 있지만, 발원지의 깊이가 깊고 저마다 질긴 뿌리를 내리고 있어서 초기 수행자들은 알아차리기가 그만큼 만만치 않습니다.

감각을 우선적인 대상으로 삼는 이유는, 감각은 수행자로 하여금 마음의 상태, 즉 의식을 알아차리게 하는 촉발제와도 같기 때문입니다. 감각이 일어났음을 아는 것은 감각의 파동이 의식에 전달되어 감각을 느끼는 촉이 발생했기 때문입니다.

의식이 발생하지 않으면 감각은 감각으로 인식되지 못합니다. 이 말은 몸을 앎으로 마음을 알게 된다는 뜻입니다. 나중에 '마음'을 다룰 때 다시 설명하겠지만, 수행으로 마음을 보기 위해서는 몸에 드러나는 감각에 대한 명료한 깨어있음을 먼저 계발해야 합니다.

감각을 알게 되면 마음으로부터 발생되는 노폐물들에 대해서도 깨어있기가 쉬워집니다. 그러므로 감각에 대한 깨어있음에 중점을 둔 다음 마음으로부터 발생되는 미세한 현상들에게로 깨어있음의 방향을 옮겨가는 것이 효과적입니다.

그렇더라도 감각과 마음현상을 처리함에 있어서 그 경계를 가르는 것이 이론처럼 쉽지는 않습니다. 수행을 하다 보면 마음으로부터 발생되는 현상들도 몸의 감각만큼이나 그 강도가 거칠고 격렬한 자극으로, 화려한 이미지로 다가올 경우도 있습니다. 이럴 때는 몸의 감각에 대한 깨어있

음에서 벗어나 강한 자극으로 다가오는 마음의 현상들에
대하여 깨어있습니다.

깨어있음, 인식의 배율 높이기

전자현미경은 광학현미경에 비하여 사물에 대한 관찰의
폭과 깊이에 있어서 엄청난 차이를 가져옵니다.

야구에 입문한 타자가 공을 타격할 때, 처음에는 느린 직
구로부터 시작합니다. 시속 80㎞의 속도로 날아오는 공
을 때리다가 점차로 빠른 속도의 공에 배트를 일치시킵
니다. 훈련이 반복될수록 공의 속도는 점점 빨라집니다.
이어서 커브나 슬라이더와 같은 다양한 구질도 경험합니
다. 물집으로 손의 지문이 다 닳아질 무렵, 초보타자는 유
능한 타자로 진화하여 강속구 투수가 뿌려대는 150㎞ 대
의 공을 수박만한 크기로 바라보면서 자유자재로 공략하
게 됩니다.

깨어있기 수행도 마찬가지입니다. 처음에는 몸과 마음에
서 일어나는 감각과 현상들 중에서 거칠고 딱딱한 것, 무
거운 것, 느린 것, 강렬하고 자극이 센 것과 같은 비교적

관찰하기 쉬운 대상을 놓고 알아차림을 시작합니다. 알아차림의 속도도 호흡을 따라 느리게 진행합니다. 이렇게 하여 대상에 대한 알아차림의 준비단계가 어느 정도 형성되면 수행자는 예리하고 미세하며 속도가 빠른 대상을 알아차릴 수 있도록 더욱 힘을 냅니다.

깨어있기의 성패는 대상에 대한 알아차림이 얼마나 신속·정확·강력할 수 있는가에 좌우됩니다.

대상에 대하여 신속·정확·강력하게 깨어있을수록 감각이나 현상에 대한 깨어있음의 범위와 깊이가 확장되고, 일어나고 사라지는 대상의 빠르기에 적응할 만큼 알아차림의 속도도 빨라집니다. 인식의 배율이 높아진 것입니다. 인식의 배율이 높아지면 수행자를 길들였던 표면적인 일상의식으로부터 존재의 실상을 소화할 수 있는 자각의식을 향한 비상이 시작됩니다.

경험없이 현상에 대한 설명을 듣는 일은 헷갈리고 피곤합니다. 그러나 실제로 수행을 하면서 촘촘하게 깨어있다 보면 존재가 갖는 실제 모습과 이치는 존재에 대한 설명이나 이론보다 한결 간결하고 단순한 구조임을 알 수 있습니다. 조바심이나 나태함을 버리고 몸과 마음에서 발생하는 현상들에 대하여 지금 자신의 수준에서 깨어있으십시오. 발걸음을 옮길 때나 문의 손잡이를 돌릴 때라도 놓치지 말고 깨어있어 보십시오. 깨어있음의 배율이 점점 높아지면서 자신의 몸과 마음을 알아가는 일이 훨씬 수월해질 것입니다.

이렇게 깨어있으라

우선 이렇게 깨어있습니다.

통증이 일어났을 때의 깨어있음은 몸에 통증이 일어났음을 알아차리는 일로서, '아, 네가 바로 통증이로구나!'라고 일어난 통증을 아는 일입니다. 생각이 일어났을 때의 깨어있음은 마음에 생각이 일어났음을 알아차리는 일로서, '아, 네가 바로 생각이로구나!'라고 일어난 생각을 아는 일입니다. 졸음이 올 때의 깨어있음은 몸에 졸리움의 현상이 발생했음을 알아차리는 일로서, '아, 네가 나를 졸리게 하는 현상이로구나!'라고 졸음의 현상을 아는 일입니다. 마음에 화가 일어나면 '아, 네가 화로구나!'라고 일어난 화를 아는 일입니다. 여기에서 '아는 일'이 통증과 생각과 졸림과 화에 대한 깨어있음입니다.

감각이 일어나면 감각이 일어났음을 알아 깨어있습니다.
생각이 일어나면 생각이 일어났음을 알아 깨어있습니다.
보면 보는 행위가 있음을 알아 깨어있습니다. 들으면 듣는
행위가 있음을 알아 깨어있습니다. 느낌이 일어나면 느낌
이 일어났음을 알아 깨어있습니다. 욕망이 피어 오르면 욕
망이 발생했음을 알아 깨어있습니다. 의도가 있으면 의도
가 있음을 알아 깨어있습니다. 행위가 있으면 행위가 있음
을 알아 깨어있습니다.

알되, 반응하지 않으면서 아무런 선택 없이 깨어있으십
시오.

에고에 대한 깨어있음

깨어있음을 알지 못하는 사람들은 무아를 알지 못합니다.
그들은 자신과 세계에 대하여 짙게 드리워진 어리석음 때
문에 자신을 고정된 개체로 바라보고 그 자신을 '나'로 삼
고 살아갑니다.

그들은 꿈속의 나를 실재의 나로 착각하듯, 생김새나 이름
으로 장식된 육체와 사회관계 속에서 설정된 나, 혹은 과
거로부터 관습적으로 형성되어 온 무의식의 덩어리를 나

로 받아들입니다. 거기에다가 세속적인 미래나 종교적인 상상에 자신을 걸어 놓고 그로부터 행복을 얻으려는 망상의 나를 나로 동일시하며 집착합니다.

나 아닌 나를 '에고'라고 합니다. 에고는 깨어있음이 결여되어 실상이 드러나지 못한 나, 무지의 무덤에 묻힌 나입니다. 에고가 인간을 고통에 빠뜨리는 주범이지만 에고가 몸이나 마음 어딘가에 실체로 존재하지는 않습니다.
기가 막히게 설치된 가설무대 위에서 미친 짓거리를 해대는 한 놈이 있으니 그를 일러 에고라고 합니다.
그러므로 깨어있음은 나를 가리우는 무지의 구름을 벗겨내는 일로서, 에고에 대하여 깨어있다는 말입니다. 깨어있음으로 실상에 가 닿게 되었을 때 에고는 부활한 에고로 거듭납니다.

에고, 욕망·증오·무지가 섞인 환상의 비빔밥

에고는 욕망, 증오, 무지의 세 인자로 구성되어 있습니다.
에고는 욕망과 증오와 무지의 카드를 번갈아 집어 들면서 인간을 고통으로 내몹니다. 에고는 욕망의 밥에 증오의 나물과 무지의 양념으로 비벼진 비빔밥과 같습니다.

에고의 욕망이란 상변의 세계 가운데 실체를 가진 나가 존재하지 않는다는 사실을 외면하고, 변하지 않는 세계와 실체가 존재할 것으로 착각하는 데서 탄생하는 고정불변의 나를 추구한다는 의미에서의 욕망이요, 증오란 에고가 가진 욕망이 삼성리로 유지되는 이 세계 속에서는 결코 이루어질 수 없다는 사실에 대한 불만과 두려움이 안팎으로 거칠게 표출된다는 의미에서 증오이며, 무지란 인간의 행복은 삼성리의 이치를 깨닫는 데 있음을 알지 못한다는 의미에서 무지입니다.

에고가 가지는 욕망, 증오, 무지의 세 인자는 마음을 오염시키는 오염원, 즉 정신적인 MSG로 작용합니다.

에고, 형상에의 집착

상변의 세계 속에서 자신이 겪을 수밖에 없는 몸의 변화를 파멸에 이르는 불안으로 착각하는 데서 두려움을 느끼는 에고는 그 두려움을 해소하기 위하여 형상에 집착합니다.

에고는 자신이 직면한 두려움을 형상이 대신 해소시켜줄 것으로 굳게 믿습니다.

에고가 집착하는 형상은 아담과 이브가 경험하였듯이, '보암직스럽고' '먹음직스럽고' '해봄직스러운' 것으로 다가오는데, 형상에는 사물의 모양이나 이름 뿐 아니라, 경제적이거나 문화적인 삶의 조건을 포함하여 마음에 안도감을 가져다 주는 종교적인 이미지들도 해당됩니다.

에고는 형상이 실상이 아닌 허상임을 알려고 하지 않습니다. 에고는 형상이 허상임을 깨우치게 되는 사태가 자신에게는 곧 죽음임을 압니다. 그리하여 에고는 자신의 생존의 방편으로 자아라는 형상, 자식이라는 형상, 직업이라는 형상, 돈이라는 형상, 인간관계라는 형상, 종교적인 초월적 형상 등, 인간의 생존조건 그 어디에나 형상을 만들어 놓고 거기에 둥지를 틉니다.

이와 같은 에고의 착각은 에고의 특성인 무지를 증명하는 일로서, 불로장생 약으로 자신의 죽음을 막아보려 했던 시황제의 어리석음과 동일합니다. 에고는 인간을 포함한 모든 형상은 꽃이 시들고 풀이 마르듯 이내 있다가 사라질 것들임을 알지 못하고 알려고도 하지 않습니다.

에고는 자신의 본성이 무아이며, 자신이 기대려는 형상의 본성 또한 불안정하고도 임시적인 것으로서 무아임을 깨닫지 못한 채로 형상을 과대평가하고 맹목적으로 형상을 추구하면서 거기에 자신을 의탁해 놓습니다.

변화에 대한 두려움을 모면해 보려고 형상을 탐닉하는 중, 자신의 두려움이 해결될 기미가 보이지 않을 경우 에고는 불안에 휩싸여, 자신이 기생하고 있는 인간과 세계를 바라보며 더욱 거친 소리로 날뜁니다.

삼성리에 대한 무지로부터 나타나는 근원적인 두려움과 그 두려움을 해결하기 위하여 또 하나의 착각된 행위로서 형상에 관심을 두려는 에고의 욕망은 형상에 대한 집착에서 출발하여 형상과 노니는 절정을 잠시 맛보다가 곧 이어 형상의 덧없음을 알고는 허무의 나락으로 추락하고, 그 추락의 심연으로부터 더욱 추악해진 욕망의 아가리를 쳐들고 다시 솟아올라 또 다른 먹잇감의 형상을 사냥하기 위하여 증오를 불태우며 자신을 몰아세웁니다.
에고는 자신이 초래한 두려움과 불안을 해소하려고 또 다른 대상을 찾아 나서게 되면서 두려움에 두려움을 불안에 불안을 확대재생산하는 되먹임의 악순환을 반복합니다.

깨달아도 에고는 남습니다

수행에서, 깨달음이라는 말에는 커다란 위험성이 내포되어 있습니다. 깨달음은 또 하나의 실체를 상정하는 뉘앙스를 풍기기 때문입니다. 또한 깨달았다고 했을 때 개념으로 규정할 수 있는 상태나 상황을 염두에 둘 수 있기 때문입니다.

깨달음은 그냥 바람이 머릿결을 스치고 지나가는 하나의 '느낌' 정도라고 할 수 있을 것입니다. 그 느낌은 경험자에게 깃털 같은 청량함으로 남습니다.

어쨌든, 존재의 실상을 알아 깨달음에 이르렀다고 해서 에고가 소멸하지는 않습니다. 깨달은 다음에도 에고는 여전히 남습니다.

깨달은 사람과 그렇지 못한 사람의 차이는 에고의 영향력 아래 놓여있는가 그렇지 않은가의 차이입니다. 수행자는 자신에게서 무아를 봅니다. 자신에게서 무아를 본 수행자는 에고의 무아를 봅니다. 에고의 무아를 본 수행자는 에고의 지배로부터 자유로워집니다. 에고로부터 자유로워진 수행자는 에고를 행복을 위한 도구로 사용하게 됩니다. 자유롭다는 말은 두려움이 배제되었음을 의미합니다. 이때 경험하게 되는 에고는 부활한 에고로서 청정한 에고입니다.

아이에게 칼은 위험한 물건입니다. 그러나 어머니에게 칼은 유용한 도구입니다. 어머니가 칼을 쥐었다고 칼날의 날카로움이 무뎌지지도, 칼의 위험성이 소멸되지도 않습니다. 다만 어머니가 철이 들어서 칼을 잘 쓸 수 있는 요령이 생김으로 칼의 위험성으로부터 벗어나 있을 뿐입니다. 그러므로 어머니에게 칼은 칼이지만 칼은 칼이 아닙니다.

존재의 실상을 알지 못했을 때는 에고가 내뿜는 어리석음과 욕망에 휩쓸려 고통에 괴로워했지만, 깨달은 다음에는 에고의 본성도 실체가 없는 무아임을 알게 됨으로 에고는 일상생활에서 유용한 도구로 부활합니다.

깨어있기 수행의 몇 가지 관심

깨어있기 수행자는 존재를 보되 형상에 현혹되지 않으며 그로부터 발생되는 마음의 호·불호好·不好에 구속당하지 않습니다. 또한 그는 잘 알려진 이름이나 화려한 겉모양으로 쌓아올려진 문화, 그리고 세상의 권위가 가진 속성을 올바로 파악하고 있기에 그들 앞에서 주눅들지 않습니다. 깨어있기 수행은 이름 이전, 형상 이전, 현상 이전, 권위 이전의 오리지널한 지점Original Point을 바라보기 때문입니다. 깨어있기 수행은 다음의 세 가지 주제를 주목합니다.

강 이전의 물방울

오리지널한 지점을 바라보는 깨어있기 수행은 이름으로 불리워지는 강을 문제 삼지 않고 이름 이전의 강을 주목합니다. 우리가 강에 대하여 생각할 때 한강, 대동강, 갠지즈강 등으로 그 강의 위치에 따라 구분하면서 강의 이름을 말하지만, 깨어있기 수행은 특정한 강이 형성되기 이전의 물방울 하나에 관심을 둡니다.

또한 깨어있기 수행은 물방울 이전의 '어떤 하나'에 관심을 둡니다. 물방울 이전의 그 어떤 하나의 입자와 그 입자를 형성하는 근원적인 요소를 알게 될 때, 일상적으로 각기 다르게 불려지는 강들 뿐 아니라 강들이 흘러 들어가는 종착지로서의 넓은 바다에 대해서도 잘 알 수 있기 때문입니다.

종교 이전의 근원의 자리

오리지널한 지점을 바라보는 깨어있기 수행은 제도종교 이전의 근원의 자리를 주목합니다.

태평양이라는 큰 바다에서는 한강과 대동강의 구분과 이름이 무의미해지듯, 깨어있음의 바다에서는 저마다의 종교들이 주장하는 영적인 권위나 우월성이 빛을 잃습니다. 깨어있기 수행은 종교 이전의 근원적 차원인 한 지점에 관심을 두고, 그 오리지널한 지점에서 샘솟는 신성한 샘물에서 인류의 목마름을 해결하려 하기 때문입니다. 따라서 깨어있기 수행에서의 종교는 '내면의 종교'일 경우 의미를 갖습니다.

육체 이전의 나

오리지널한 지점을 바라보는 깨어있기 수행은 육체로 드러난 형상 이전의 오리지널한 지점으로서 무아에 주목합니다. 깨어있음에 관심없는 사람들은 생물학적 육체와 그 육체가 빚어내는 경험과 관념으로 반죽된 나를 나로 여기면서 그 나를 수호하기 위한 다양한 방어기제를 필요로 하지만, 깨어있기 수행자는 이런 삶의 허술한 한계를 정확하게 짚어냅니다.

깨어있기 수행자는 육체와 일상의식의 지퍼를 열고 들어가 몸의 회로와 마음의 공간을 따라 출몰하는 사대의 특성에 대한 사실판단을 토대로 우리의 몸과 마음이란 사대의 특성들이 임시적으로 가합假合된 상변의 구성체에 지나지 않음을 직관할 수 있습니다.

깨어있기 수행은 볼록렌즈를 통과한 빛이 물질을 태우며 자신의 파장을 지속적으로 이어가는 과정과 같습니다. 볼록렌즈를 통과한 빛은 일정한 거리를 지난 다음 최소한의 면적에 해당하는 자리에 초점을 만들면서 열을 발생시키고, 발생하는 고도의 열을 이용하여 초점 영역 내의 물질을 태웁니다. 이어서 초점을 통과한 빛은 자신의 영역을 다시 확산시킴으로 그 범위를 점점 넓혀갑니다.

이처럼 깨어있기 수행은 오리지널한 지점을 향하여 진행되는 성찰의 과정 속에서 강력하고도 집중력 있는 알아차림의 초점을 형성하여 에고를 소각시킴과 동시에 보다 드넓어진 청명한 시각으로 사실판단과 실재판단의 지혜를 열어줍니다.

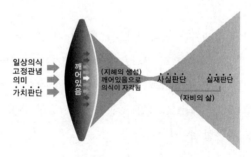

깨어있음을 통한 인식의 진화과정

수행법과 기술에 앞서는 질문

물이 깊어야 큰 배를 띄울 수 있고, 바람이 두터워야 큰 새가 하늘을 날 수 있습니다. 어떤 일에 성과를 내려면 기초가 그만큼 튼실해야 합니다.

깨어있기 수행에서는 수행방법과 기술을 가르치고 배우기 이전에 '왜'의 질문부터 해결해야 합니다. '수행은 왜 하는가.' '어떤 지점을 지향하는가.'의 문제입니다. 이 문제에 대한 답을 갖춰야 수행의 큰 배를 띄울 만한 깊은 바다가 만들어지고 깨어있음의 큰 새를 날릴 만한 두터운 바람이 쌓여집니다.

'무엇'을 '어떻게'에서 '왜'에로

요즘 웰빙과 '100세 인생'을 말하면서 명상이라든지 요가,

호흡관리와 같은 프로그램에 참여하는 사람들이 부쩍 늘고 있습니다. 원래 명상이나 요가, 호흡관리 등은 수행의 효과를 도모하기 위하여 개발된 보조장치입니다. 그런데 우리나라에서는 수행의 본질은 쏙 빠진 채로 외모의 건강이나 스트레스해소 정도에 목표가 두어진 수행 '상품'들이 절찬리에 판매되면서 짭짤한 수익을 올리고 있는 것 같습니다.

웰빙차원의 프로그램이든 본질적인 수행이든 어떤 수단을 어떤 필요에서 선택해야 하는지는 각 개인의 관심사와 기질에 따라 달라질 문제이지만, 본질적인 수행에 관심을 두게 되었을 경우 수행법을 선택하기에 앞서 기억해야 할 것은, 과연 수행은 무엇이며 어떤 이유에서 수행을 해야 하는지에 대한 '왜Why'를 충족시킬 수 있는 대답을 갖추는 일입니다.

'왜'에 대한 답변이 충족되면 그에 따르는 '무엇What'이라는 프로그램의 문제나 '어떻게How'라는 방법의 문제는 자연스럽게 풀릴 수 있습니다.

깨어있기 수행에서, 깨어있음에 대한 '왜'의 물음을 소홀히 하게 되면 수행에 참여하게 되었더라도 수행의 노력이 웰빙 프로그램들에서처럼 긴장해소와 자기만족을 충족시키는 얕은 심리적 방편에 머물러 버릴 수 있습니다.

보통 일반적으로 행해지는 마음을 겨냥한 프로그램들의 목표는 집중력 향상, 건강한 몸 유지, 성격개조 정도에 맞추어집니다. 깨어있기 수행에서 볼 때 이런 목표는 굳이 목표로 삼지 않아도 중간단계에서 자연히 얻게 되는 부산물에 지나지 않습니다.

그리고 깨어있기 수행에서 '왜'에 대한 물음이 빈곤할 경우, 깨어있기 수행을 위하여 선택한 방법과 기술이 자칫 천박하게 변질되기도 하고 수행과정도 조급해질 수 있어서 수행 도중 외부의 자극이 들어오면 쉽게 흔들리게 되어 수행을 포기하거나 깨어있음의 가치를 배척하는 우를 범하게 될 수도 있습니다.

깨어있기 수행자는 '왜'의 질문에 대한 만족스러운 대답을
가지고 있습니다. 그 대답은 다음과 같습니다.

- 수행을 '왜' 하는가?
- 인간을 비롯한 뭇 존재의 행복을 위함이다.
- 행복은 어떻게 이루어지는가?
- 존재의 실상을 철견했을 때 이루어진다.
- 그 방법은 무엇인가?
- 깨어있기 수행으로 완결된다.

이것이 '왜'의 물음을 풀었을 때 동시에 터득하게 되는 '어
떻게'와 '무엇'에 대한 근원적인 대답입니다. 이 대답은 수
행의 바른 결과를 보장해 주고 결과를 성취하기 위하여 나
아가는 수행자의 다리의 힘을 튼튼하게 지지합니다.

수행자의 마음가짐

질 좋은 깨어있음과 그로부터 얻어질 행복한 삶을 위하여 수행자는 다음의 여섯 가지 마음가짐을 간직합니다.

굳센 믿음 · 信

깨어있기 수행자는 깨어있기 수행이야말로 존재의 실상을 철견하여 나에게 궁극의 행복을 가져다 줄 최상의 방편임을 확신하는 믿음이 있어야 합니다. 깨어있음에 대한 돈독한 믿음은 수행에 활기찬 즐거움을 주며, 수행 도중 힘들거나 처리하기 난감한 장애물을 만나도 그 상황을 돌파해 나갈 수 있는 강력한 힘을 만들어 줍니다.

깨어있기 수행에 참여하여 깨어있음에 대한 믿음으로 깨어있음을 소중히 여기면서 깨어있음을 즐겨보십시오.

인류는 수행에서 뿐 아니라 존재의 실상을 밝히기 위하여 오랜 세월 동안 다양한 방면에서 노력해 왔습니다. 그 흔적은 철학이나 과학, 그리고 종교와 예술영역에서 두드러지게 발견됩니다. 이들을 '인문학'으로 통칭하여 이야기한다면, 인문학은 깨어있기 수행자가 존재의 실상을 향해 나아가는데 필요한 힌트와 방향감각을 제공합니다.

수행자는 자신의 수행과정이 독단에 빠지지 않고 수행의 결과가 자신을 비롯한 주변 존재에게 유익한 것이 되기 위하여 수행으로 돌파해 들어가려는 존재세계의 구성과 이치를 인문학의 도움을 받아 이해하려는 자세가 필요합니다.

인문학은 수행에서 말하는 '왜'와 '어떻게'의 문제에 풍성한 정보를 공급합니다. 수행도 과학도 종교도 예술도 세계를 올바르게 알기 위한 노력으로서, 이들이 수확한 결과물은 인류의 행복을 위한 것으로 그 맛이 일치합니다.

인문학은 수행이 가 닿으려는 존재의 세계를 해석하고 조심스러운 시각으로 비평합니다.

양자역학은 수행으로 체험되는 사대의 특성을 이해할 수 있는 진지한 설명체계를 간직하고 있습니다. 신경생물학은 철학과 심리학의 대상이었던 의식을 과학의 대상으로 옮겨와 수행의 관점에서 쌓아 올린 결과물들에 대하여 과학적으로도 타당함을 실증적으로 보여주고 있습니다. 인간의 내면에 관심을 두는 종교는 수행으로 맛본 세계가 실재에 부합하는 근원적인 것임을 증언합니다. 예술은 인류가 사는 세상이 모순과 더불어 그 모순을 넘어서서 살 만한 가치가 있음을 영혼의 몸짓으로 표현합니다.

따라서 세계에 대하여 열려진 안목을 가진 수행자일수록 독선적이거나 배타적이지 않습니다. 자신의 길에서 공부의 성취를 얻은 수행자는 다른 분야에서 제시하는 관점이나 그들이 사용하는 언어를 수용함에 있어서 관대합니다.

그러나 인문학의 도움으로 얻게 되는 이해는 이해일 뿐입니다. 이해는 실상을 향한 방향성을 제공하지만 실상을 투과하지는 못합니다. 이해가 이해에 머물러 있을 때는 메마른 지식에 불과합니다.

이해로는 결코 깨달음에 이를 수 없습니다. 깨달음은 실재에 대한 체험과정인 수행으로 가능합니다. 학學은 각覺을 위한 것이 되어야 함을 명심하십시오.

나는 5년 전 홍천으로 이사해 왔습니다. 주변사람들로부터 귀동냥을 하며 농사를 배우고 있지만, 아직도 서툴기는 처음이나 마찬가지입니다. 해마다 같은 면적의 밭에다 거름을 얹고 똑같은 작물을 심어도 봄이 되면 손놀림이 생소하고 파종기를 다루는 법도 어색해서 핀잔을 듣기 일쑤입니다. 언제쯤이면 능숙하게 밭을 붙이게 될지 궁금하기만 합니다.

지치지 않고 꾸준히 반복을 거듭하다 보면 잘 될 날이 오겠거니 기대하면서 올 봄 또다시 밭으로 올라갈 것입니다.

수행에서도 꾸준한 반복이 필요합니다. 작심삼일이라는 말이 있습니다. 깨어있기 수행에 참여한 사람은 3일이 지나도 흐지부지해지지 않고, 이를 뒤집어서 작심하여 3일만 잘 해보려는 마음을 내야 합니다. 깨어있기를 반복하면 마음근육이 활성화됩니다. 마음근육이 활성화되면 사대의 특성에 대한 깨어있는 힘이 증강되어 존재를 존재대로 볼 수 있는 분명한 지혜가 자라납니다.

마음근육을 기르는 일은 최소한 3일 72시간 반복을 한 단위로 합니다. 한 단위 반복을 꾸준히 하여 100일 정도 깨어있기를 놓치지 않으면 뇌의 회로에 입력되었던 기존의 정보와 습관들이 깨어있음에 호응하는 패턴들로 점차 바뀌어집니다.

내면으로의 침노·執

깨어있기 수행에서는 사각링에서 챔피언 벨트를 따내려는 도전자의 치열한 의지와, 쥐를 잡으려는 고양이가 고도의 집중력을 가지고 쥐구멍을 들여다보면서 앞 발톱에 첨예한 힘을 바짝 일으켜 세우려는 초점 잡힌 자세가 요구됩니다.

내면으로의 침노는 마음을 모아 집중하는 일입니다. 집중은 깨어있기 수행을 진행하는데 제일 중요한 조건입니다. 마음이 산만하면 수행은 해보지도 못한 채 끝나고 맙니다. 집중이 깨어있기 수행의 목표는 아니지만, 집중이 되어야 수행진도가 나갈 수 있고, 실상을 투과하는 힘을 보장받을 수 있습니다.
깨어있기 수행의 실제를 공부하면서 집중력을 기르는 방법을 잘 익혀보십시오.

수행은 극기훈련이 아닙니다. 수행은 남이 시켜서 억지로 해야만 하는 의무적인 과제도 아닙니다. 수행은 산보를 즐기듯 차 한 잔 마시듯 즐겁게 이루어져야 하는 자연스럽고 부드러운 과정입니다.

수행은 숨을 쉬듯 흘러가야 합니다. 게을러서도 안되지만 마음먹은 대로 해치우려고 자신을 몰아붙여도 역효과가 나기 십상입니다. 나태도 해롭지만 탐욕도 수행을 그르치는 데는 마찬가지입니다. 느긋하게 생각하면서 수행의 길에서 결코 떠나지 않으리라는 결심이 서 있다면 머지않아 좋은 결과를 얻게 될 것입니다.

수행자는 몸이 건강해야 합니다. 수행자를 괴롭히는 망상이나 졸음, 통증 등은 생리적인 조건에 따라 발생빈도와 강도가 다르게 나타나기 때문에 몸을 가볍고 활기차게 유지해야 합니다.

수행자는 자극적인 음식이나 격렬한 행위를 피하는 것이 좋습니다. 특히 일정을 정해서 하는 집중수행기간에는 더욱 유의해야 합니다. 자극적인 음식은 혈류의 흐름을 무겁고 불규칙하게 하여 심신을 피곤하게 하며, 격렬한 행위는 혈압을 상승시킴으로 집중력을 분산·약화시킵니다.

수행자는 일상에서 마음에 무게를 드리우는 장애물이 감지되면 그 무게를 해소해야 합니다.

아무리 좌선을 하려고 앉아있더라도 마음에 남은 고민거리와 이웃과의 불화의 기억이 솟아나 마음을 휘젓게 되면 집중을 유지할 수 없습니다. 이때는 과감하게 좌선으로부터 벗어나 생활 속으로 들어가서 전화를 하고 사람을 만나 차를 마시면서 장애물을 해결하는 것이 최선입니다.

그러므로 수행자는 일상과 수행기간 동안 마음에 장애물이 생겨나지 않게 언행에 주의하면서 삶 자체가 청정할 수 있도록 몸과 마음을 가지런하게 살펴야 합니다.

스승을 대할 때 · 獨

수행은 배움을 통한 자기완성의 길입니다. 배움은 실상을 철견하여 어떤 대상에 대한 모방 없이 나를 '나'로 독립시켜 세우는 일생일대의 사건입니다. 배움의 길로 안내하는 사람을 스승이라고 합니다. 스승을 존중하여 가르침을 기꺼이 따르는 사람을 제자라고 합니다. 제자는 깍듯한 예의로 스승 앞에 섭니다.

옛 인도에서는 제자가 스승의 처소를 찾을 때 경전과 장작을 준비하였습니다. 경전은 배움의 교과서로서 진리의 법칙에 순종하겠다는 뜻이요, 장작은 스승의 가르침을 나의 삶에 적용하여 진리의 불로 구습에 젖은 나를 활활 태워버림으로 새사람으로 갱생更生하리라는 의지의 표현이었습니다. 이쯤 되는 제자의 각오라면 스승의 지혜를 몽땅 나의 것으로 삼기에 부족함이 없을 것입니다.

제자는 머리를 조아려 스승을 모십니다. 이때 스승을 모시는 일이 그를 향한 맹종이어서는 극히 위험합니다. 스승을 향하여 머리를 조아리면서 그를 모시는 일은 스승을 통해 스승을 넘어서겠다는 단호한 의지의 표현에 모아져야 합니다.

스승 아무개의 가르침을 받은 제자는 또 하나의 아무개가 되어서는 안됩니다. 부지런히 공부하여 제자 스스로 자기 자신이 되어야 합니다.

부처님의 법을 들은 선재는 부처가 되어서는 안되고 부처를 통해 선재가 되어야 합니다. 예수의 복음을 들은 진수는 예수가 되어서는 안되고 예수를 통해 진수가 되어야 합니다.

스승은 내가 나 되는 일에 보조자이며 조력자입니다. 사자새끼가 자라 녀석의 어미와 맞장 뜨듯, 제자에게는 스승의 간담을 서늘케 할 정도의 진리를 향한 용맹서린 기개가 필요합니다.

바람직한 스승은 제자가 홀로 설 수 있도록 사심을 버리고 돕습니다.
스승은 제자를 키웠으나 소유하지 않고生以不有 뿌듯한 성과를 내었으나 거기에 머물지 않습니다功成以不居. 스승을 잘 만나는 일이 배움의 완성을 마무리하는 첩경입니다.

마음으로 깨어 있기

좌선

깨어있는 사람은 좌선에 들기 위하여
오롯한 공간과 시간을 마련합니다
음악이나 경구를 활용하여 마음을 가지런히 합니다

부드럽고 편안한 면옷을 입고
안정되게 몸을 받쳐줄 방석을 준비하고
결가부좌, 반가부좌, 혹은 평좌를 택하여 앉습니다
허리를 꼿꼿하게 세우고 가벼운 마음으로 마음여행을 나섭니다

이제부터 당신은
우주에서 비롯되는 시간과 공간의 당당한 주인입니다

지금·여기를 존중하고 지금·여기의 주인공인
'나'에 대한 자존감을 느낍니다
아랫배의 일어나고 사라지는 현상에 의식을 모읍니다
아랫배의 일어남·사라짐의 현상을 기준점으로 삼고
마음여행을 시작합니다

아랫배가 일어나면 일어남으로 알고
사라지면 사라짐으로 압니다
일어남 사라짐 일어남 사라짐…
일어남 사라짐 일어남 사라짐…

아무런 반응이나 선택없이 오직 평정심으로
마음강물에 떠오르고 사라지는 현상들을 바라봅니다
바라보고 또 바라봅니다

장애물이 나타나면 이름붙여 깨어있습니다
통증이 나타나면 통증, 통증, 통증, 통증…
망상이 나타나면 망상, 망상, 망상, 망상…
소리가 들려오면 들림, 들림, 들림, 들림…
계획이 떠오르면 앎, 앎, 앎, 앎…
추억이 떠오르면 앎, 앎, 앎, 앎…

있는 대로 보고
오는 대로 맞으며
가는 대로 보냅니다

몸과 마음에 대한 진실된 깨어있음은 존재의 실상으로 인도합니다
항상 변화하는 존재, 상변
변화 속에 고정적인 개체로 존재할 수 없는 나, 무아
변화의 근거를 이루는 넉넉한 바탕, 일체

깨어있는 사람은
보이면 보이는 대로 깨어있고
들리면 들리는 대로 깨어있고
나타나면 나타나는 대로 깨어있음으로
상변과 무아를 관통하여 삼성리에 다가섭니다

좌선

깨어있기 수행은 앉아서 하는 좌선坐禪을 중심으로 이루어
집니다. 집중력 있는 좌선으로 과거와 미래로 떠돌고 있는
마음을 지금·여기에로 사로잡아 와 존재의 실상을 기필코
투과하여 행복의 주인공이 되십시오. 좌선의 방법과 기술
은 다음과 같습니다.

좌선을 위한 준비

좌선에는 마음의 정화와 집중력계발이 요구됩니다. 이를
위해서는 일상과 구별된 장소와 수행을 위한 적합한 도구,
그리고 바른 자세가 필요합니다.

• 마음정돈

수행을 시작하기 전에 마음이 들뜨거나 흥분해 있으면 들
뜸과 흥분을 먼저 가라앉힙니다. 아침에 일어나서 수행을
할 때는 잠들었던 몸의 세포가 활성화되기 이전이므로 일
어난 상태에서 바로 수행에 들어가지 말고 10분 정도 가벼
운 산책을 한 후 시작하는 것이 좋습니다. 하루 일과를 마
치고 저녁에 수행을 할 때는 산만해진 마음을 가라앉히기
위하여 조용한 음악을 듣던지 거룩한 상징이나 경구를 음
미한 다음 깨어있음에 듭니다.

• 옷과 방석

옷은 헐렁한 면옷이 좋습니다. 몸에 너무 꽉 끼는 옷은 수
행의 자세를 제약하고 피와 기의 순환을 억제하게 됨으로
피해야 합니다. 상의와 하의는 넉넉한 크기의 티셔츠와 바
지를 입습니다.

그리고 엉덩이를 부드럽게 받칠 수 있는 너무 두껍지 않으
면서도 크기가 넓은 방석을 준비합니다. 이때 방석의 두
께가 중요한데, 방석을 깔고 앉았을 때 최대한 3㎝를 넘
지 않도록 하십시오. 너무 두꺼운 방석을 사용하게 되면
수행이 진행되면서 몸의 무게와 열기가 한 쪽으로 쏠리게
되어 앉은 자세를 무너뜨리고 생체균형을 깨뜨릴 수 있으

므로 주의해야 합니다. 방석의 크기는 앉았을 때 벌어진 양 무릎 바깥으로 방석의 둘레가 보일 정도의 사각형 크기로 합니다.

- 자세

결가부좌

앉는 자세는 결가부좌나 반가부좌, 그리고 평좌를 이용합니다.

결가부좌는 한쪽 발등의 바깥쪽을 다른 쪽의 허벅지에다 올리고 다른 발등의 바깥쪽을 역시 반대쪽의 허벅지로 감아 올린 다음 허리를 꼿꼿이 세우는 자세입니다. 흔히 명상하는 사람들이 '다리를 꼬고 앉는다'고 하는데, 이 자세가 결가부좌입니다.

결가부좌는 요가에서 비롯된 자세로서 집중의 효과는 탁월하지만, 하체가 굵고 짧은 체형을 타고난 동양사람들이 선택하기에는 어려움이 따르는 자세이기도 합니다. 요가가 아닌 깨어있기 수행에서는 수행자에게 무리가 따르는 자세를 권하지 않습니다. 그러나 한 가지 자세를 취하게 되면 그 자세를 바꾸지 말고 될 수 있는 대로 그 자세를 유지하면서 마음의 힘을 키울 수 있어야 합니다.

반가부좌

깨어있기 수행에서 주로 사용되는 자세는 반가부좌입니다. 반가부좌는 한쪽 발의 뒤꿈치를 회음부에 밀착시킨 채 발바닥은 대퇴부 밑에 깔릴 듯 말듯하게 밀어 넣고, 다른 쪽의 발등 바깥쪽을 반대편의 허벅지와 장딴지 사이에 끼일 듯 말 듯하게 올리거나 아니면 그냥 발뒤꿈치가 치골에 닿도록 당겨 앉고 결가부좌와 마찬가지로 허리를 꼿꼿하게 세우는 자세입니다.

평좌

평좌는 반가부좌 자세에서 회음부에 밀착시킨 한쪽 다리를 기준으로 다른 쪽 다리가 얹혀지지 않도록 앞의 바닥으로 가볍게 내려놓는 자세입니다. 그렇게 되면 내려놓은 발의 복숭아뼈가 바닥에 닿는 정도의 자세가 될 것입니다. 평좌에서도 허리를 바로 세우도록 하십시오.

· 허리를 세움

어떤 자세를 취하든 미추부터 정수리까지 허리를 꼿꼿하게 세워 나와 하늘이 일직선이 되는 기분을 유지하면서 편하게 앉으십시오.

허리를 곧게 세우는 것은 음식을 먹을 때 곧은 젓가락을 사용하는 경우와 같으며, 자동차가 시원한 주행을 위하여 정체되지 않은 도로를 만나는 일과도 같습니다.

허리가 곧게 세워져야 에너지뭉침에 의한 결림현상이나 통증을 감소시킬 수 있고, 피를 타고 흐르는 기의 순환을 원활하게 하여 몸과 마음에 대한 집중효과를 높일 수 있습니다.

• 가벼운 기분으로

자세를 잡으면 목부터 손가락 끝부분까지 힘을 뺍니다. 두 손은 배꼽 밑으로 내려서 발목에 얹은 다음 손바닥이 위로 향하도록 포개고 눈을 가볍게 감으십시오. 그리고 나를 만나기 위한 마음여행에 참여한다는 기분으로 엷은 미소를 입가에 살짝 띄웁니다.

지금·여기에로

자세를 잡고 앉습니다. 궁사의 화살이 저만치 앞에 놓인 과녁을 향하듯, 좌선을 위한 앉음은 '지금·여기'에 초점을 둡니다. 어쩌면 지금 이 책을 읽는 독자를 포함하여 대부분의 사람들은 지금·여기라는 말이 별다른 의미를 가지지 못한 밋밋한 것으로 흘려버릴 수 있지만, 지금·여기야말로 깨어있기 수행뿐 아니라 인간, 더 나아가서 우주 전체의 행복을 결정지을 수 있는 키워드임을 기억하십시오. 오직 지금·여기만이 실재이며 행복의 자리입니다.

경험해 온 바이지만, 우리의 마음습관은 과거나 미래로 분주하게 돌아다니면서 어느 한 시점의 추억에 고정시키거나 가상적인 계획을 끌어들여 그 계획이 이루어질지 말지에 대한 염려를 자초하면서 지금·여기를 상실케 합니다. 과거는 기억의 터전으로 작용하고 미래는 현재에 도움을 주는 한도 내에서 유용한 불안한 어음에 불과합니다.

지금·여기는 당신의 존재에 아무것도 덧붙여지지 않는 적신赤身이며 껍질이 벗겨져 드러난 도라지의 하얀 속살과도 같습니다. 투박한 껍질도 제거되고 껍질에 붙어 있던 흙도 불순물도 다 제거된 존재의 본질입니다. 지금·여기는 온갖 망상과 경험의 찌꺼기와 에고가 빚어낸 자아가 깡그리 사라진 원초적 시공간입니다.

지금·여기의 시공간은 시간적으로는 순간으로서 매우 빠르고 짧습니다. 공간적으로는 먼지보다 더 작고 좁습니다. 그러나 일미진중함시방一微塵中含十方입니다. 티끌처럼 작고 좁은 곳에 온 우주가 깃들어 있습니다.

시속 300㎞ 이상의 속도로 달리는 고속열차가 고속열차로 존재하는 것은 한 개의 바퀴와 그 바퀴가 레일과 맞닿은 최소면적의 접점에서 비롯되는 것처럼, 나의 존재는 지금·여기에서 상변하면서 무아를 거쳐 일체에로 감돌아듭니다.

사람들의 언행이 산만하고 표정이 불안한 이유는 마음이 과거와 미래로 떠돌면서 끊임없이 망상을 재생산하여 마음에 무게를 드리우기 때문입니다. 마음이 지금·여기에 온전히 머물러있으면 존재의 실상과 호흡하게 됨으로 망상이 끼어들 틈이 생기지 않습니다. 지금·여기에 머무는 마음은 과거나 미래로 빠져나가지 않고 오롯이 심층의식을 향합니다. 마음이 심연을 향하면 향할수록 망상을 피워내던 에고의 속성에 대한 덧없음을 알아차리게 되면서 망상에 더럽혀지기 이전의 본래모습과 마주하게 됩니다.

나 여기·지금 행복

지금·여기를 알아차리면서 편하게 앉으십시오. 앉아있음

을 느끼며 앉음하고 마음속으로 이름붙이면서 자신의 존재를 압니다. 몸이 바닥에 닿아 있는 무게감을 느끼면서 닿음하고 마음속으로 이름붙이면서 앉아있음을 압니다. 앉음과 닿음을 통하여 몸에 드리워진 부피감과 바닥에 닿은 육체의 무게감을 앎하고 마음 속으로 이름붙이면서 앉아있음을 압니다.

앉아있음을 느긋하게 알아차리면서 앉아있음에 감사해 보십시오. 평소에 말을 잘 안 듣고 아프기를 잘 하는 이 몸뚱이로 하여금 앉게 한 주체가 누구인지 가볍게 질문해보십시오. 억지로 대답을 찾으려고 애쓸 필요는 없습니다. 질문은 단지 앉아있는 나에 대한 관심의 표현으로 이해하면 좋습니다.

그런 다음 '나 여기', '지금 행복'이라고 마음 속으로 이름붙이면서 앉아있는 자신에게 행복감을 불어넣어 보십시오. 숨을 들이쉬면서 나 여기, 숨을 내쉬면서 지금 행복. 나 여기·지금 행복, 나 여기·지금 행복, 나 여기·지금 행복,…. 마음이 잦아들 때까지 5회 정도 반복하십시오. 이렇게 자신에 대한 존재를 알고, 앉아있음을 알고, 육체의 무게감을 알고, 앉아있음의 감사함을 느끼면서 깨어있음을 향한 여행을 시작합니다.

지금·여기에 앉아있다는 사실에 대한 깨어있음이 명료해
질수록 망상으로부터 시달리던 마음이 쉼을 얻고 일상사
에 들떠있던 생체리듬이 가지런하게 잦아들면서 당신의
앉아있음은 우주가 생겨난 이후 초유의 앉음으로, 지금·여기
에서 일어나는 신비로운 사건으로 자리매김 될 것입니다.

앉아있음이 신비한 사건으로 인식되면 몸을 받치고 있는
바닥과 그 바닥에 놓여진 육체, 그리고 깨어있음을 위하여
앉아 있는 자신의 주변으로부터 들려오는 새들의 소리, 건
너 동네에서 들리는 강아지 짖는 소리, 나의 옆 자리에서
수행에 참여하는 동료의 함께 있음, 지속적으로 이어지는
나의 한 호흡 한 호흡 등, 그 동안 지극히 당연하면서도 소
소한 것으로 여겨지던 대상들이 크게 부각되어 나를 향해
입맞춤하려는 듯 다가오면서 내 주변에 내가 느낄만한 대
상이 존재하고 있다는 사실에 감격하는 마음이 입체적으
로 일어날 수도 있습니다.

나에게 자비를 보냄

이때 일어나는 감격의 마음을 앎으로 알아차리고 앉아있음의 주체인 자기 자신을 사랑하는 마음으로서 자비를 보냅니다. 이 자비는 일상에 부유하면서 떠돌던 피곤해진 자신에 대한 연민과 자신의 본래면목을 만나려고 앉아있는 자신을 대견해 하고 반가워하면서 보내는 응원의 시선으로서 자비입니다.

깨어있기 수행을 거듭하다 보면 수행에 참여한 자신과 주변의 존재들이 서로 존재의 본성을 공유한 동질적인 존재임을 알아차릴 수 있어서 주변의 존재들을 향한 자비심을 보다 풍부하게 내보낼 수 있지만, 지금은 자신을 위한 깨어있음의 시간이므로 자비의 시선을 자기 자신에게로 모아 알아차립니다.

자신을 향하여 자비를 보내는 일은 자신에 대한 긍정과 신뢰를 보내는 일로서, 수행을 모르던 시절 에고에 지배당하면서 나다운 나를 잃어버리고 살아온 자신을 긍휼히 여기고 어루만지면서 그 나를 다시 본래의 나로 일으켜 세우려는 의미에서의 자기사랑입니다.

끝없이 타인과 비교하고 타인의 시선과 그들로부터의 평가에 전전긍긍하면서 한 번도 관심어린 관심, 사랑다운 사랑을 받아보지 못한 나는 심연으로부터 우러나오는 자신에 대한 사랑의 빛을 받으므로 새로운 생명을 가진 존재로 되살아납니다.

자비의 빛을 받는 나는 활성화된 에고를 점차 약화시킴과 동시에 그 에고를 에고로 알아차림으로 에고를 녹여낼 수 있는 강력한 에너지장을 몸과 마음에 두루 갖추게 됩니다.

숫자붙이기와 집중

가부좌를 틀고 앉아서 자비의 마음을 배양하더라도 집중 상태로 마음을 모아오기가 쉽지 않습니다. 수행으로 연마되지 않은 마음은 길들여지지 않은 야생마와 같아서 과거와 미래를 향하여 내달리며 한 순간도 쉬지 않고 날뛰는데 익숙해져 있습니다.

말처럼 밖을 향하여 내달리려는 마음을 치심馳心이라고 합니다. 밖을 향하여 날뛰는 마음을 자각하고 제어하려면 집중력을 활용해야 합니다. 깨어있기 수행에서의 집중은 수행자의 의식을 심연의 자리로 가져가기 위한 조건으로 필요합니다. 집중 그 자체가 목표는 아닙니다.

집중하면 집중할수록 볼록렌즈의 빛이 하나의 초점으로 모여 응축된 힘을 발휘하듯, 심연을 향한 에너지가 만들어집니다.

깨어있기 수행에서는 의식을 한군데로 집중하기 위하여 아랫배의 일어나고 사라지는 현상에 주목합니다. 아랫배의 일어나고 사라지는 현상을 깨어있음의 '기준점^{제1 기준점}'이라고 합니다. 깨어있음의 기준점에 대해서는 아래의 〈어상이상〉을 설명한 후 살펴보도록 하고, 여기서는 먼저 아랫배의 기준점에 집중하기 위한 예비단계로 코끝을 따라 흐르는 호흡에 숫자를 붙여서 의식을 모으는 방법을 익혀보겠습니다.

마음을 편안하게 내려놓은 다음 코끝에 의식을 모아 호흡을 바라보고 하나부터 열까지의 숫자를 붙입니다. 이때는 들숨과 날숨에 따라 숫자를 두 자로 붙여서 발음합니다. '하나'부터 '여얼'까지 올라가고 다시 '아홉'부터 '하나'까지 내려오면서 한 사이클을 마칩니다. 그런 다음 다시 '두울'부터 '여얼'까지 올라갔다 내려오기를 반복합니다.

하나, 두울, 세엣, 네엣, 다섯, 여섯, 일곱, 여덟, 아홉, 여얼, 아홉, 여
덟, 일곱, 여섯, 다섯, 네엣, 세엣, 두울, 하나, / 두울, 세엣, 네엣, 다
섯, 여섯, 일곱, 여덟, 아홉, 여얼, 아홉, 여덟, 일곱, 여섯, 다섯, 네엣,
세엣, 두울, 하나,…

호흡에 숫자를 붙이는 일은 마음의 평온을 얻기 위하여 몇
번을 반복할 수 있습니다. 그러나 사이클을 5회 이상 반복
하지 마십시오. 숫자붙이는 일은 아랫배의 움직임을 주시
하기 위함이지, 행군하는 군인들처럼 숫자를 능숙하게 붙
이려는 행위가 아닙니다. 몇 회를 하든 숫자를 붙이다가
숫자를 잊게 되면 다시 털어내고 처음부터 다시 시작하십
시오. 숫자를 잊은 순간에서조차 명료하게 깨어있으면 잊
어버린 숫자를 아쉬워하면서 거기에 매달리려는 집착을
가진 나를 새삼 발견하게 됩니다.

코끝에 흐르는 호흡을 따라 숫자붙이는 방식이 익숙해지
면 집중의 기준점을 아랫배의 일어나고 사라지는 현상으
로 옮겨갑니다. 아랫배로 기준점을 옮긴 후 아랫배가 일
어날 때 숫자의 첫 음절을, 배가 사라질 때 둘째 음절을
붙입니다.
배가 일어나면 숫자의 첫 음절인 하라고 숫자를 붙이면서

배가 일어나는 현상에 깨어있고, 배가 사라질 때에는 숫자의 둘째 음절인 나라고 숫자를 붙이면서 배의 사라지는 현상에 깨어있습니다. 이와 같은 방식으로 숫자를 10여열까지 늘려갑니다.

숫자를 붙이는 일과 배의 움직임이 부드럽게 일치되는 것을 알게 되면 숫자를 떼어버리고 홀로된 의식만으로 아랫배의 일어나고 사라지는 현상에 깨어있습니다.

말뚝에 꽁꽁 묶어라

호흡을 따라 마음을 집중시키려고 결심을 해도 그 마음은 몇 분 몇 초가 지나지 않아서 호흡으로부터 빠져 나와 망상이나 이미지들과 어울려 놀고 있음을 발견하게 될 것입니다. 호흡으로부터 마음이 빠져 나와 도망치는 것은 우리가 의식하지 못하는 사이에 전광석화처럼 이루어지는 일입니다. 그래서 호흡을 기준으로 삼아 집중을 도모하는 일은 도망치려는 마음을 숫자의 밧줄로 꽁꽁 묶어서 말뚝에 매어 놓으려는 것과 같습니다.

마음이 호흡으로부터 빠져 나와 망상이나 이미지들과 어울려 놀고 있음을 알게 되면 그 현상을 곧바로 앎으로 알아차리면서 다시 호흡에 따른 숫자붙이기로 재빠르게 돌아가야 합니다. 이 부분은 〈이름붙이며 깨어있기〉에서 보충하여 다루도록 하겠습니다.

성상을 통한 집중

종교를 가진 수행자는 집중을 도모하기 위하여 성상聖像을 활용할 수 있습니다. 성상은 거룩한 모습으로 묘사된 관세음보살님이나 예수님과 같은 성좌聖座의 반열에 든 성인들의 얼굴이라든지 그들의 사역장면을 자비롭게 묘사한 그림을 말합니다. 또한 성상에는 경전의 구절인 성언聖言도 포함됩니다.

마음이 산란하여 집중이 잘 되지 않을 경우 내 안에 관세음보살님이나 예수님이 내재하심을 마음에 시각화합니다. 촛불에 바람이 불어오면 불이 꺼지는 것처럼, 망상과 노폐물이 준동蠢動하면 마음에 모셔진 관세음보살님이나 예수님의 모습이 일그러져서 고통이 발생되는 장면을 시각화합니다. 고통에 대한 느낌을 알아차리면서 그분들에게 도움을 요청합니다.

숨이 들고 날 때 내 안에 계신 보살님, 혹은 내 안에 계신 예수님 하면서 호흡을 따라 그의 성호를 마음으로 부릅니다. 들이쉴 때 내 안에 계신, 내쉴 때 보살님, 혹은 예수님 하면서 마음이 잦아들 때까지 반복합니다. 또한 성상을 대신해서 반야심경이나 주기도문 같은 성언을 외우면서 집중을 이어갑니다.

성상을 활용하되 성상을 크게 의존하지는 마십시오. 종교를 가진 수행 입문자들이 마음의 정화를 위하여 그동안 사용해온 방식을 잠깐 수행에 도입하는 정도에서 그쳐야 합니다. 이 방법에 길들여지면 상相을 타파하여 실상에 도달해야 할 깨어있기 수행에 수행자 스스로가 장애물을 지고 들어오는 실수를 스스로 자초하게 됩니다.

상징을 사용하되 그로부터 벗어나십시오

성상은 종교적 이미지가 담겨 있는 상징입니다. 성상을 사용할 때는 상징에 담긴 종교적 의미를 올바로 파악해야 합니다. 성상의 의미를 알면 성상에 집착하지 않고, 구태여 성상을 수행의 도구로 사용하지 않아도 되는 성숙의 단계로 나아갈 수 있습니다.

상징에는 상징의 이미지를 창작한 작가의 가치판단이 서려 있어서, 상징을 사용하는 수행자가 상징에 나타난 표면적인 이미지나 문자에 얽매이게 되면 존재의 실상으로 향하는 여정을 일시에 그르치게 됩니다. 상징을 사용하되 보이는 형상대로 읽히는 문장대로 사용하지 않고 반드시 이미지 너머, 글자 너머의 의도하는 바에 시선을 두어야 합니다.
달을 가리키는 손가락이 아니라 달을 보아야 합니다.

성화의 한 작품인 미켈란젤로의 「천지창조」를 보면, 천지창조의 화면 오른쪽 상단에 자주색 옷을 걸친 노인의 모습이 그려진 것을 볼 수 있습니다. 이 노인의 이미지가 미켈란젤로가 고백하는 하나님의 모습입니다.

우리가 주지하다시피 하나님은 사람의 성정性情을 가진 인격체가 아니며 생물학적 육체에 물리적 시간으로 나이를 매길 수 있는 유한한 존재는 더더욱 아닙니다. 그럼에도 불구하고 미켈란젤로가 하나님을 강인한 남성노인의 이미지로 그려낸 까닭은, 막강한 중세교권과 세속권력이 휘

두르는 폭력 앞에서 고통스러운 삶을 살아가고 있던 당시의 민중들의 시선을 인간의 외부에 존재하는 전지전능한 타자他者에게로 돌리게 하여 그를 의존함으로 현실의 모순에 눈감게 하려는 의도에서였습니다.

미켈란젤로의 강력한 '남성노인'의 하나님은 지금·여기의 삶을 포기하고 하늘의 그분을 바라보며 안위를 얻을 것을 설교하던 지배자의 의도를 충실하게 따르는 이미지로서, 종교적·예술적으로 미화되어 나타난 혹세무민의 논리에 다름 아니었습니다.

미켈란젤로의 「천지창조」를 성상으로 삼으려고 할 때, 미켈란젤로와 그 시대가 상정한 하나님에 대한 재해석이 필요한 까닭이 바로 여기에 있습니다. 이 그림을 보이는 대로 보아버리면 그림을 받아들이는 사람의 마음에는 무소불위의 힘으로 인간과 자연을 압도하려는 권위적인 남성신으로서의 하나님 아닌 하나님이 고착되어 머물게 될 것입니다.

불교회화의 정점인 관세음보살상도 이미지의 함정을 가지고 있기는 마찬가지입니다. 대부분의 관세음보살상은 남성이미지로 표현됩니다. 초기종단 이후, 승려에 대한 자격이나 부처님의 가르침을 체계화하고 해석하는 권위를 부여 받은 것은 비구니 이전의 비구였기 때문에 남성적 세계관으로 종교의 세계를 이미지화하는 것은 당연한 귀결이었습니다.

관세음보살님의 이미지를 보십시오. 관세음보살님은 연꽃 위에 좌정하고 꽃가루와 구름으로 장엄된 천상의 세계에 머물며 중생을 구제하기 위한 자비로운 미소를 머금고 계십니다.

「천지창조」의 경우처럼 화면에 드러난 대로 관세음보살님을 신앙해버리면 천상세계의 화려함에 매료되어 지금·여기를 망각하고 사후왕생死後往生하여 찾아가는 극락을 추구하게 됨으로 지금·여기에서 실상을 철견해야 하는 수행자는 혼미함에 빠질 수밖에 없습니다.

상징은 실재를 시각화하여 나타내는 이미지로서의 관념입니다. 관념은 가치판단의 소재입니다. 가치판단은 실상을 알아차리는 사실판단을 추구하는데 적합하지 않습니다.
실재는 상징이 나타내는 멀고 먼 바깥에 존재하지 않고 지금·여기에 존재합니다. 성상으로 지금·여기를 볼 수 있으면 성상은 유용하지만, 성상으로 지금·여기를 상실하게 됩니다. 그 성상은 불쏘시개만도 못한 장애물이 되고 맙니다. 성상을 좋아하는 것은 수행자 자신이기 이전에 에고가 먼저 좋아하고 있다는 사실을 알아차리십시오.

하나님이든 천당이든 부처님이든 극락이든 그것이 존재하는 곳은 지금·여기입니다. 지금·여기는 숨 쉬고 책 읽고 밥 먹고 똥 싸고 욕지거리를 해대며 싸우고 있는 현실이며, 고통과 즐거움을 처절하게 느끼는 바로 이 몸뚱이와 이 마음 속에 존재합니다. 거룩하게 치장된 상징에 매료되어 지금·여기 이외의 다른 장소나 시간으로 의식을 도망치게 해서는 안됩니다. 실재는 지금·여기, 이대로에 완벽하게 존재합니다.

어상이상

상징과 이미지는 수행자의 마음을 가지런하게 하여 깨어있음에로 집중하도록 안내하는 에피타이저가 됩니다. 그러나 에피타이저에 취하면 거기에 함유된 당분과 알코올을 과다섭취하게 되어 본 식사를 그르치게 됩니다. 수행에서 상에 빠지게 되면 상을 탐닉하는 에고의 취향에 포섭됨으로 실상을 보게 되기는커녕 에고가 내뿜는 안개 속을 방황하게 됩니다.

깨어있기 수행에서는 시각화와 언어화는 실상을 조작하고 본질을 흐리게 할 수 있으므로 원칙적으로 금합니다. 부득이 상을 사용하려고 할 때는 마음을 흩트리는 이미지의 상은 버리고 집중에 도움이 되는 상을 바르게 해석하고 이용하되, 때가 되면 그 상의 이미지와 상이 담고 있는 의도로부터도 과감하게 벗어나는 어상이상於相離相의 지혜를 갖출 수 있어야 합니다.
상에 머물러 본질에 대한 얼개를 맛본 다음 그 상으로부터 즉각 떠남으로 상이 제공하는 임시적인 자리에 취하여 눌러앉지 않아야 합니다.
어상이상을 가능하게 하는 용기는 깨어있음을 통하여 실상은 실재이며, 상징과 언어는 가치판단의 세계로서, 이 둘은 서로 병립竝立할 수 없음을 아는 지혜에 근거합니다.

또한 상징을 대할 때 어상이상이어야 하는 이유는 종교에서 사용되는 상징이 자칫 종파적으로 굳어져서 진리마저도 종파적인 것으로 착각하게 될 수 있기 때문입니다.

인류를 불행하게 하는 고통은 보편적인 현상입니다. 이 보편적인 현상으로서의 고통을 치유하는 데는 보편적인 방식이 사용되어야 합니다. 그러므로 참 종교는 자신들의 언어와 이미지를 사용하더라도 그 가운데서 보편성을 잃지 않습니다.

이렇게 볼 때, 상징은 수행의 도입단계에서 마음을 가지런하게 살피기 위한 수단으로서의 가치와 더불어 마음을 산란하게 하는 에고의 작용을 약화시키는 한도 내에서 유익함을 기억하십시오. 에고의 지배를 받는 사람일수록 에고가 깃들기를 좋아하는 보암직하고 들음직한 형상에 매달리기를 좋아하는데, 형상에 매달리기를 좋아하는 마음에는 상에 대한 내성이 생기게 됩니다. 내성에 길들여진 마음은 존재에 대한 사실판단을 하지 못하고 에고가 빚어내는 가치판단에 묶이게 됨으로, 존재의 실상에로 나아가려는 깨어있음의 의지가 제약될 수밖에 없습니다.

그러므로 굳이 상을 보려거든, 상을 보되 상에 걸리지 않아야 합니다. 상을 보되 상에 걸리지 않으면 그 자리에서 실재를 볼 수 있습니다. '약견제상비상若見諸相非相이면 즉견여래卽見如來'입니다.

깨어있음의 기준점

자동차 실린더의 피스톤은 흡입, 압축, 팽창, 배기작용을 반복하면서 엔진을 작동시킵니다. 깨어있기 수행은 몸과 마음에 출몰하는 현상과 기준점 사이를 왕복하는 운동입니다. 이 왕복운동을 반복하는 과정 속에서 대상에 대하여 여실하게 깨어있으므로 실상을 관통하게 됩니다.

깨어있음의 기준점에는 아랫배의 부풀어 오르고 꺼지는 '일어남·사라짐'의 제1 기준점과 수행자의 몸이 바닥에 놓여 있는 상태로서 '앉음·닿음'에 주목하는 제2 기준점이 있습니다.

* 제1 기준점: 아랫배의 일어남·사라짐

호흡에 숫자를 붙이면서 집중력이 생겨나면 숫자붙이는 일을 생략하고 아랫배의 일어나고 사라지는 현상에 집중합니다. 위의 〈나 여기, 지금 행복〉에서, 바닥에 닿은 몸의 무게감과 앉은 상태에 대하여 '앉음', '닿음'으로 깨어있었듯이, 아랫배가 부풀어 오르는 현상에 대하여 배의 일어남 하고 깨어있고, 아랫배가 꺼지는 현상에 대해서 배의 사라짐하고 깨어있습니다.

마음을 풀어놓고 앉아서 아랫배가 부풀어 오르면 일어남

하고 마음 속으로 이름붙여 깨어있습니다. 아랫배가 꺼지면 사라짐하고 마음 속으로 이름붙여 깨어있습니다. 허리를 곧게 세우고 두 눈을 감고 아랫배의 일어나고 사라지는 현상에 의식을 모으고 깨어있으십시오.

아랫배가 부풀어 오릅니다, '일어남'. 아랫배가 꺼집니다, '사라짐',…. 다시 아랫배가 부풀어 오릅니다, '일어남', 다시 아랫배가 꺼집니다, '사라짐',….
일어남, 사라짐, 일어남, 사라짐, 일어남, 사라짐, 일어남, 사라짐, 일어남, 사라짐, 일어남, 사라짐, 일어남, 사라짐, 일어남, 사라짐, 일어남, 사라짐, 일어남, 사라짐,….

이때 배의 모양이나 형태에 관심을 두지 말고 배가 부풀어 오르고 단단해지고 풀어지는 현상으로서의 실제적인 느낌에 주목하십시오. 이 실제적인 느낌에 주목하는 일이 사대의 특성에 대한 깨어있음입니다. 사대의 생멸과 특성을 설명한 앞 장을 참고하십시오.

• 제2 기준점: 몸의 앉음·닿음

깨어있기 수행을 진행하다 보면 아랫배의 일어나고 사라

지는 현상이 너무 부드럽거나 미세하여 잘 포착되지 않는 경우를 경험하게 됩니다. 이때는 몸의 앉음과 닿음 현상에 주목하면서 앉음, 닿음하면서 마음 속으로 이름붙여 깨어 있습니다. 이는 깨어있음의 준비단계에서 나 여기, 지금 행복하면서 몸의 앉음과 닿음에 주목했던 것과 동일한 방법이지만, 기준점으로서의 앉음과 닿음을 알아차리는 것은 나 여기, 지금 행복이라는 의미부여를 빼고 순수하게 '있음'에 주목하는 일로서, 아랫배의 일어나고 사라지는 현상이 잘 잡히지 않을 경우 망상이나 혼미함에 떠도는 의식을 붙잡아 두는데 효과적입니다.

이때는 몸이 앉아 있는 형상에 대하여 앉음하고 마음 속으로 이름붙여 깨어있고, 몸의 엉덩이가 바닥에 닿은 무게감에 대하여 닿음하고 마음 속으로 이름붙여 깨어있습니다.

또한 수행이 진행되다 보면 아랫배의 일어남과 사라짐 현상이 잘 포착되기는 해도 아랫배의 일어나고 사라지는 진폭의 간격이 커서, 마치 배가 일어나고 사라지는 사이의 정지시간 동안 자신의 존재조차 가물가물하게 느껴지는 현상을 경험하게 될 수도 있습니다. 이때에도 아랫배의 일어남과 사라짐 사이에 앉음과 닿음을 삽입하여 깨어있습니다.

일어남, 사라짐, 앉음, 닿음, 일어남, 사라짐, 앉음, 닿음, 일어남, 사
라짐, 앉음, 닿음,….

일어남, 앉음, 닿음, 사라짐, 일어남, 앉음, 닿음, 사라짐, 일어남, 앉
음, 닿음, 사라짐,….

수행을 처음 시작하는 수행자는 우선 제1 기준점인 아랫배의 일어나고 사라지는 현상에 집중하여 수행을 진행하십시오. 몸의 앉음과 닿음에 집중하는 제2 기준점은 수행의 진도가 좀 더 나간 다음 보조적으로 활용할 수 있습니다.

깨어있음을 향한 걸음마

의식을 제1 기준점인 아랫배의 일어나고 사라지는 현상에 집중하여 명료하게 깨어있으므로 기준점의 토대를 견고하게 만드십시오. 수행 중 망상의 바람이 불어오거나 장애물에 부딪쳐 기준점이 뽑혀나가지 않도록 단단히 다져야 합니다.

좌선의 자세를 올바로 갖춘 다음, 아랫배의 일어나고 사라지는 현상에 대하여 일어남, 사라짐으로 깨어있습니다.

일어남, 사라짐, 일어남, 사라짐, 일어남, 사라짐, 일어남, 사라짐, 일어남, 사라짐, 일어남, 사라짐,…. 자연스러운 기분으로 아무런 의도를 가지지 말고 느긋하게 아랫배의 일어나고 사라지는 현상에 주목하여 깨어있어 보십시오.

일어남, 사라짐, 일어남, 사라짐, 일어남, 사라짐, 일어남, 사라짐, 일어남, 사라짐, 일어남, 사라짐, 일어남, 사라짐, 일어남, 사라짐, 일어남, 사라짐, 일어남, 사라짐,….

그러다가 기준점에 집중된 의식을 살짝 들어서 몸과 마음에서 일어나는 현상들에게로 옮겨 보십시오. 기준점에 집중함으로 생긴 깨어있음의 응축된 힘을 몸과 마음공간에 출몰하는 현상들을 향해 방사放射해 보는 것입니다.
모든 현상들은 일어나면 곧바로 사라짐을 동반하지만, 지금은 깨어있기의 걸음마를 배우는 단계이므로 현상의 일어나는 부분에만 초점을 두어 깨어있습니다.

감각이 일어나면 감각이 일어났음을 알아 깨어있습니다. 생각이 일어나면 생각이 일어났음을 알아 깨어있습니다. 보면 보는 행위가 있음을 알아 깨어있습니다. 들으면 듣는 행위가 있음을 알아 깨어있습니다. 느낌이 일어나면 느낌이 일어났음을 알아 깨어있습니다. 욕망이 피어오르면 욕망이 발생했음을 알아 깨어있습니다. 의도가 있으면 의도가 있음을 알아 깨어있습니다. 행위가 있으면 행위가 있음을 알아 깨어있습니다.

몸과 마음에서 일어나는 현상들에 대한 깨어있음을 하다가 현상들에 대한 알아차림이 흐트러지는 것을 느끼게 되면 몸과 마음에서 일어나는 현상들에 대한 깨어있음을 멈추고 기준점으로 다시 돌아와 아랫배의 일어나고 사라지는 현상에 주목하십시오. 현상들에 대한 알아차림이 흐트러지는 것은 기준점에 대한 집중력이 아직은 약하다는 증거입니다.

처음 하는 일은 다 어색하고 서툽니다. 잘 안된다고 실망하지 마십시오. 여러분이 이세상에 태어나서 걸음걸이를 처음 배울 때에도 많이 서툴고 자주 넘어졌을 것입니다. 잘 안되면 안되는 것을 안되는 것으로 알아 깨어있으면서 마음을 다잡아야 합니다. 너그러운 마음을 가지고 기준점에 대한 집중력을 더욱 계발하십시오. 아랫배의 일어나고 사라지는 현상에 대한 알아차림이 좀 더 익숙해졌을 때 몸과 마음에서 일어나는 현상들에 대한 깨어있음으로 다시 옮아가도록 하십시오.

반복하여 익히십시오. 제1 기준점의 일어남·사라짐의 현상에 대한 깨어있음에 중점을 두면서 비교적 알아차리기 쉬운 현상들, 즉 느리고 자극이 세고 거칠고 투박한 현상들을 향하여 깨어있음이 부드럽게 연결될 수 있을 때까지 반복의 끈을 절대로 놓지 마십시오.

반복을 따라 깨어있음이 익숙해지면 느리고 자극이 세고 거칠고 투박한 것에서부터 보다 미세하고 부드러운 현상들에 대하여 '이름붙여 깨어있기' 방법을 적용하면서 더 넓은 깨어있음의 바다로 나아가게 됩니다.

존재의 실상에 접근하는 가장 쉽고도 가까운 방법

일상을 지배하는 거친 마음을 치심이라고 하였습니다. 치심은 에고의 놀이방식입니다. 에고는 치심놀이를 통하여 형상이나 관념과 같은 자신이 배설한 노폐물을 섭취하면서 가치판단을 일삼습니다.

좌선으로 아랫배의 일어남·사라짐, 그리고 앉음·닿음에

집중하여 깨어있는 일은 형상이나 관념이 아닌 지금·여기에서 일어나는 유일무이한 실재에 참여하는 일로서, 존재의 실상에 접근하는 가장 쉽고도 가까운 방법입니다.

어쩌면 당신은 "겨우 방석이나 깔고 앉아서 그까짓 배가 일어나고 사라지고, 몸의 앉았거나 닿았거나 그 무게를 느끼는 일에서 과연 진리를 보겠는가?"라고 물을 수도 있을 것입니다. 이것이 당신의 진정한 질문이라면, 당신은 진리나 행복에 대하여 지나치게 과장된 꿈을 꾸고 있다고 보아야 합니다.
진리를 딱 마주친 것이 아니라 진리가 그럴 것이라는 학습된 이해의 카테고리에 걸린 것이며, 이미 가치판단에 깊이 세뇌되어 있다고 볼 수 있습니다.

이 여행을 시작하던 첫 머리에서, 행복을 묻는 어느 나그네에게 "옥수수나 잡숫고 가라."고 했던 시인의 마음을 다시금 헤아려보십시오. 그리고 공중을 나는 새 한 마리에서 하나님나라를 보았다는 예수, 똥 막대기에서 해탈의 꽃을 경험했다는 선사들의 교훈도 한번쯤 눈여겨보십시오.

진리는 주체적이며 실제적이며 구체적인 것입니다.

방석을 깔고 앉아 좌선을 하는 것은 진리의 문구멍에 열쇠를 집어넣는 일과 같습니다. 주변으로부터 들어서 알게 된 지식과 정보, 그리고 일상의식으로부터 쌓여진 경험을 저만치 밀쳐두고 아랫배의 일어나고 사라지는 현상에 주목해보십시오.

배가 한번 일어나고 한번 사라지는데 상변과 무아가 성성하게 살아있습니다. 성성하게 살아있는 그들은 일체의 바다에 풍덩 빠져 헤엄치며 고기잡고 놉니다. 우리 같이 한번 풍덩 빠져 날 가는 줄 모르게 진탕 놀아봄직 하지 않습니까!

이름붙여 깨어있기

아랫배의 기준점에 의식을 집중하고 몸과 마음을 살펴보노라면 마치 흐르는 강물과 같아 보입니다. 몸과 마음 강물에는 여러 가지 잡동사니 부유물들이 떠내려갑니다. 수행에 대한 몸의 반응으로서 통증, 쑤심, 결림, 졸음, 과거에 매달려 있는 추억, 미래에 투영된 계획과 희망, 추억과 희망과는 다르게 돌아가는 현실에 대한 아쉬움과 분노, 갈등, 우울, 두려움, 기대감, 흥분, 비교의식, 초조함, 지루함, 좋은 것으로 생각되는 느낌, 싫은 것으로 생각되는 느낌,…. 이렇게 많은 부유물들이 몸과 마음의 강을 채우며 쉼 없이 흘러갑니다.

부유물은 에고가 내뿜는 오염원과 반응하여 마음을 탁하게 하고 실상과의 만남을 방해하는 장애물로 작용하는데, 대부분의 부유물은 깨어있음에 의하여 강물을 따라 흘러가면서 사라지기도 하지만, 무게가 무겁거나 뿌리가 깊은 것들은 마음에 똬리를 틀고 앉아서 마음에 고통을 지우는 노폐물로 작용합니다.

아랫배에 집중하여 깨어있음이 정상적으로 유지되면 일어남·사라짐의 리듬을 타고 깨어있음을 계속 이어가면 됩니다. 그러나 깨어있음을 흔들 정도의 자극을 동반한 부유물이 다가오면 깨어있음 자체가 무너질 수 있으므로, 이때는 자극을 동반한 부유물에 대하여 '이름붙여 깨어있기' 방법을 활용하여 깨어있습니다.

이름붙여 깨어있기는 깨어있는 도중 자극을 가진 부유물이 포착되었을 경우, 아랫배의 '일어남·사라짐'의 기준점에 놓여있던 의식을 새롭게 포착된 부유물로 옮겨서 부유물에 대하여 이름붙여 깨어있은 다음 다시 아랫배의 기준점으로 돌아오기를 반복하는 수행법입니다.

이름붙여 깨어있기는 몸과 마음에 드러나는 부유물을 향하여 깨어있음을 적용시켜서 부유물의 실체 없음, 즉 부유물의 상변과 무아를 관찰할 수 있는 실제적인 묘법입니다.

자극을 가진 부유물이 포착되면 기준점에 놓였던 의식을 거두어 부유물로 가져가서 부유물의 이름을 붙여 알아차리고는 곧바로 기준점으로 돌아옵니다.

통증이 오면 통증, 통증, 통증, …. 하고 이름붙여 깨어있은 다음 기준점으로 돌아옵니다. 몸이 결리면 결림, 결림, 결림, …. 하고 이름붙여 깨어있은 다음 기준점으로 돌아옵니다. 열기를 느끼면 뜨거움, 뜨거움, 뜨거움, …. 하고 이름붙여 깨어있은 다음 기준점으로 돌아옵니다. 생각이 떠오르면 망상, 망상, 망상, …. 하고 이름붙여 깨어있은 다음 기준점인 아랫배의 움직임으로 돌아옵니다. 졸음이 오면 졸음, 졸음, 졸음, …. 하고 이름붙여 깨어있은 다음 기준점으로 돌아옵니다. 이미지가 보이면 보임, 보임, 보임, …. 하고 이름붙여 깨어있은 다음 기준점으로 돌아옵니다. 소리가 들리면 들림, 들림, 들림, …. 하고 이름붙여 깨어있은 다음 기준점으로 돌아옵니다. 냄새가 나면 냄새, 냄새, 냄새,….하고 이름붙여 깨어있은 다음 기준점으로 돌아옵니다. 촉감이 발생하면 닿음, 닿음, 닿음,….하고 이름붙여 깨어있은 다음 기준점으로 돌아옵니다.

이름을 붙일 때는 3~4회 정도 반복하고 기준점으로 돌아오십시오. 이름은 3음절을 넘지 않게 합니다. 너무 많은 횟수의 이름을 붙이면 이름을 붙이면서 대상에 포섭당하게 되고, 너무 긴 음절의 이름을 사용하게 되면 대상에 대하여 깨어있는 타임을 놓칠 수 있습니다.

또한 이름을 붙일 때는 권투선수가 상대방을 향하여 잽을 날리다가 자신의 가슴으로 주먹을 빠르게 거두어오듯이 신속하게 행해져야 하며, 궁사가 과녁을 향하여 활을 쏘듯 조준이 정확해야 하며, 피스톤의 운동처럼 강한 힘이 동반되어야 합니다.

신속·정확·강력이 이름붙여 깨어있기의 핵심입니다.

무의식의 물고기를 의식의 어망으로 끌어들이기

몸과 마음에 떠다니는 부유물은 무의식의 차원에서 출현하는 것이 대부분입니다. 망상이 떠오르는 것은 굳이 의식하지 않아도 자동적으로 마음의 표면 위로 떠오릅니다. 졸음이 다가오는 것도 의식적으로 졸음을 불러들여서 오는 것이 아니라 졸음 그 스스로 다가옵니다. 그들은 의식의 통제범위 안에 놓여있지 않습니다. 의식의 범위 안에 놓여있지 않는 요소들은 우리가 의식하지 못하는 사이 우리를 망상의 늪으로, 졸음의 구렁텅이로, 혹은 환상의 세계로 잡아 끌어 갑니다. 무의식의 차원으로부터 드러나는 요소들을 다루는 방법은 그들을 의식의 범위로 들여와 의식의 통제 안에 두는 것입니다.

부유물의 출현은 무의식적이지만 이름을 붙이는 것은 의식적인 일입니다. 부유물이라는 대상에 이름을 붙이는 것은 무의식의 물고기에 대하여 의식의 그물을 덧씌우는 것으로, 이름붙이기의 그물을 씌우면 무의식의 물고기는 꼼짝없이 의식의 어망에 포획되어 의식의 통제 안으로 들어옵니다. 이처럼 어떤 대상에 대하여 이름을 붙이는 일은 무의식의 바다에서 제멋대로 노니는 물고기를 이름붙이기의 그물로 잡아들여 나의 통제 안으로 가져오는 고기잡이와 같습니다.

이름붙일 때 여러가지 장애물이 동시에 나타나는 경우가 있습니다. 여러가지 장애물이 동시에 나타나면 우선 마음보다 몸에 나타나는 감각을 먼저 알아차리고, 자극이 약한 것보다는 강한 것을 먼저 알아차립니다. 몸에 나타나는 감각이 표면적이고 거칠고 둔탁한 것이 많으므로 마음에서 일어나는 깊고 미세한 현상들보다 알아차리는 것이 쉽고, 자극이 약한 것보다는 강한 것에 대한 알아차림이 쉽습니다.

이름을 붙이려다 보면 이름붙이는 일에 너무 신경이 쓰일 때도 있을 것입니다. 예를 들면, 몸에 쑤시는 현상이 나타나면 그 쑤시는 현상에 대해서 '이름을 무엇으로 붙여야 할까.'와 같은 고민이 들고, 그 고민을 하다 보면 알아차림을 놓치게 됩니다. 이름붙이는 일이 번거로우면 자극을 느낄 때는 자극을 느끼는 현상을 '안다'는 의미로 그냥 앎, 앎하고 알아차립니다. 보이면 보임, 들리면 들림하고 알아차립니다.

도둑의 이름이나 인상착의를 아는 일보다 내가 바라보는 대상이 도둑임을 아는 것이 중요하듯, 이름붙이는 일이 처음에는 좀 서툴러도 대상에 대하여 이름붙여 알아차리려는 노력을 잃지만 않으면 깨어있음은 순조롭게 진행될 것입니다.

선택 없이 깨어있으십시오

부유물이 나타나면 그것이 유쾌한 것으로 여겨지는 것이든 불쾌한 것으로 여겨지는 것이든 그 부유물에 대하여 판단하거나 해석하거나 의미를 부여하지 말고 그냥 부유물을 부유물로 보고 이름만 붙여 깨어있은 다음 기준점으로 돌아오십시오.

부유물 중 어떤 감각을 만나더라도 선택하려거나 반응하려 해서는 안됩니다. 단지 감각이나 현상에 대하여 깨어있으면서 평정심을 유지해야 합니다. 전에는 감각을 만나면 유쾌하다고 생각되는 것에는 달려들고 불쾌하다고 생각되는 것은 밀쳐내면서 갈망과 혐오 사이를 왔다 갔다 반복하는 마음의 습관적 패턴에 따라 선택적으로 반응했을 것입니다. 그렇게 되면 유쾌하다고 생각되는 것이 주는 가지려함의 갈망과 불쾌하다고 생각되는 것이 주는 떨어버리려함의 혐오는 둘 다 마음에 무게를 드리우기는 마찬가지여서 고통을 들여오게 됩니다. 갈망과 혐오는 동전의 양면입니다. 눈에 흙이 들어가도 안 되지만 금가루가 들어가도 안 되는 이치와 같습니다.

예수님이나 관세음보살님이 나타나도 그냥 바라보십시오

그러므로 마음에 어떤 부유물이 출현하여 흐르든지 그것과 시비하거나 좋고 싫음에 휩쓸리지 말고 그냥 바라보아야 합니다. 바라보되 이름을 붙이면서 마음의 흐름과 상태에 대하여 그냥 바라보십시오. 으응, 너는 걸림이로구나, 걸림, 걸림, 걸림,…. 으응, 너는 망상이로구나, 망상, 망상, 망상,…. 으응, 너는 분노로구나, 분노, 분노, 분노,…. 으응, 너는 좋은 느낌을 주려는 추억이구나, 앎, 앎, 앎,…. 으응, 너는 싫은 느낌을 주려는 추억이구나, 앎, 앎, 앎,….하면서 바라봅니다.

평정심으로 바라보기만 하면 강물에 흐르는 부유물들은 물결에 밀려 떠내려가거나 물 가운데로 녹아져서 자취를 감추게 됩니다.

마음의 끈이 풀어져 휘황찬란한 관념과 이미지의 세계를

방황하고 떠돌면서 시간을 허비했더라도 '떠돌았음'에 대하여 깨어있고 떠돌았음을 알아차린 다음 의식을 신속하게 '떠돎'에서 거두어 기준점으로 돌아오십시오.

설령 예수님의 모습을 보았거나 그가 당신의 이름을 부르는 소리가 들려도 보이고 들리는 현상을 보임, 들림으로 알아차린 후 잽싸게 기준점으로 돌아와야 합니다. 관세음보살님이 연꽃을 흔들어 색즉공色卽空을 말씀하시더라도 보임, 들림으로 알아차린 후 조금의 망설임도 없이 기준점으로 돌아와야 합니다.

여자를 귀찮게 하는 남자가 있을 때, 그 남자를 떨어버리는 효과적인 방법이 있습니다. 그것은 반응하지 않는 것입니다. 무관심하는 것입니다. 상대방을 향하여 싫다는 반응을 보이면 좋아하는 줄 알고 더 따라붙습니다. 좋다는 신호를 보내는 날엔 그는 주저 없이 다가와 끝없이 징징거리면서 당신의 삶을 야금야금 갉아먹을 것입니다.

반응하지 않으면 남자이든, 여자이든, 좋은 추억이든, 나쁜 추억이든 그 어떤 부유물이라도 나를 더 이상 괴롭게 하지 못합니다.

이렇게 몸과 마음강물에 나타나는 현상에 대하여 이름붙여 깨어있게 되면 지금까지 나에게 흥분을 주었거나 두려움을 주었던 거칠고 소란스러웠던 감각이나 현상들은 그 농도가 점점 옅어지고 힘을 잃으면서 잔잔한 고요함이 마음의 강을 채워 흐르게 됩니다. 그렇다고 이때 찾아 드는 고요함이 반가워서 그 고요함에 덥석 젖어 들어서도 안 됩니다. 고요함 역시 고요함으로 이름붙여 명료하게 알아차리십시오.

아랫배가 일어났다 사라집니다. 배의 일어남과 사라짐을 따라 깨어 있던 의식도 일어났다 사라집니다. 좋음으로 생각되는 생각도 일어 났다 사라집니다. 나쁨으로 생각되는 생각도 일어났다 사라집니다. 즐거움도 일어났다 사라집니다. 괴로움도 일어났다 사라집니다. 사 랑도 일어났다 사라집니다. 미움도 일어났다 사라집니다. 기쁨도 일 어났다 사라집니다. 두려움도 일어났다 사라집니다. 환희도 일어났 다 사라집니다. 분노도 일어났다 사라집니다. 봄도 일어났다 사라집 니다. 가을도 일어났다 사라집니다. 꽃도 일어났다 사라집니다. 재물 도 일어났다 사라집니다. 국가도 일어났다 사라집니다.

뜰 앞의 매화가 그러하며, 설악산의 울산바위가 그러하며, 세계가 그러하고 나도 그러하고 너 또한 그러합니다. 일어 났다 사라지는 저것은 무엇이며, 일어났다 사라지는 저것 을 바라보는 나는 누구일까요.

페르시아의 시인 루미(J M Rumi)의 「여인숙」을 소개합니다.

여인숙

이 존재, 인간은 여인숙과 같다
매일 아침 새로운 손님이 도착한다
기쁨 절망 슬픔
그리고 약간의 순간적인 깨달음들이
예기치 않은 방문객처럼 찾아온다

그 모두를 환영하고 맞아들여라
설령 그들이 슬픔의 군중이거나
그대의 집을 난폭하게 쓸어가버리고
가구들을 몽땅 내어가더라도
그렇다 해도 각각의 손님들을 존중하여라

그들은 어떤 새로운 기쁨을 주기 위해
그대를 청소하는 것인지도 모를 일이니까

어두운 생각, 부끄러움, 후회….
그들을 문에서 웃음으로 맞으라
그리고 그들을 집안으로 초대하라
누가 들어오든 감사하게 여기라
모든 손님은 그대를 인도하기 위하여
저 너머에서 오신 귀한 분들이리니.

좌선을 마무리하기

깨어있기 수행을 시작하는 단계에서는 20분씩, 될 수 있는 대로 하루에 아침저녁 두 번씩 좌선을 하십시오. 좌선을 마칠 때는 눈을 뜨면서 눈을 뜸, 눈을 뜸, …. 하면서 동작을 알아차리고 눈을 뜹니다. 다리의 자세를 풀 때도 다리를 풂, 풂, 풂, …. 하고 동작을 알아차리면서 자세를 풉니다.

이어서 수행의 목표인 자비를 떠올리며 자신에 대한 감사의 마음과 아울러 이웃과 세계에 대한 감사의 마음을 불러올립니다. 마지막으로 《깨어있음과 자비》에 소개된 「자비를 향한 기도문」을 외운 후 좌선을 마무리합니다.

행선

깨어있는 사람은
앉았을 때는 좌선으로
걸을 때는 행선으로 자신의 무아 됨을 확인합니다

가볍고 바른 자세로 섭니다
두 손을 자연스럽게 내리고 뒷짐을 집니다
시선을 앞으로 4미터 쯤 던지고 두 발을 평행으로 하여
발바닥을 땅바닥에 수평으로 놓고 천천히 걷습니다

시간에 구애됨 없이, 모양에 얽매임 없이
바람에 불리는 낙엽이듯, 꽃을 찾는 나비의 날갯짓이듯…

오른발, 왼발, 오른발, 왼발, …
오른발, 왼발, 오른발, 왼발, …
하면서 몸에 얹혀진 무게를 압니다

발을 들어, 앞으로, 놓음, …
발을 들어, 앞으로, 놓음, …
하면서 몸에 스치는 바람결과 몸의 무게를 압니다

발을 들려고 함, 들어, 가려고 함, 앞으로, 놓으려함, 놓음, …
발을 들려고 함, 들어, 가려고 함, 앞으로, 놓으려함, 놓음, …
하면서 동작을 끄집어내는 의도를 알고
의도에 따라 전개되는 행위를 압니다

발이 무거우면 무거움으로 알고 지대로 깨어있습니다
발이 축축하면 축축함으로 알고 수대로 깨어있습니다
발이 따스하면 따스함으로 알고 화대로 깨어있습니다
발이 가벼우면 가벼움으로 알고 풍대로 깨어있습니다

나는 걸었으나
나의 걸음은 의도와 행위의 연속적인 과정이었음을 압니다
내가 말했으나
나의 언어는 의도와 행위의 연속적인 과정이었음을 압니다
나는 생각했으나
나의 생각은 의도와 행위의 연속적인 과정이었음을 압니다

나의 걸음과 언어와 생각은 있었으나
걸음과 언어와 생각의 주체는 누구였는지 알 수 없습니다
주체가 나라면 그 나는 의도였으며
순간순간 드러났던 무게감이었으며
몸과 바닥이 맞닿은 곳에서 발생한 습기였거나 열기였을 것입니다
아니면, 바람결에 떠밀린 몸을 가진 실체없는 형체였음을 압니다

걸었던 나, 말했던 나, 생각했던 나 …
순간, 순간, 의도, 의도, 동작, 동작, …

저들은 '나'라는 무대에
잠시 출연하였다가 뿔뿔이 흩어져 집으로 돌아갑니다
떠들썩했던 극장, 텅 빈 객석
깨어있는 사람은 이렇게 무아를 감지하며 평온해 합니다

행선

깨어있기 수행은 좌선과 함께 동적인 수행으로서 걸으면서 하는 행선行禪을 활용합니다. 호흡이 동·정動·靜 간에 유지되는 것처럼, 수행 역시 걷거나 서거나 앉거나 눕거나 언제 어디서나 이루어져야 하며, 존재의 실상 역시 동정 간에 펼쳐짐으로 동·정을 아우르는 수행법은 필수적입니다. 집중력 있는 행선으로 존재의 실상을 기필코 투과하여 행복의 주인공이 되십시오. 행선의 방법과 기술은 다음과 같습니다.

행선의 장점

행선은 몸의 움직임과 그에 따른 사대의 현상에 대한 깨어있음에 효과적이며 이를 통하여 행위에 앞선 의도까지 알아차릴 수 있어서 마음의 흐름을 보다 깊게 관찰하는데 큰 도움을 줍니다.

일상생활에서 몸을 이동시키는 일에 한정되었던 걸음걸이가 깨어있음에서는 대단한 위력을 발휘하게 됩니다. 이제 그 위력을 실감해 보겠습니다.

행선의 자세

행선의 자세는 두 팔을 가볍게 아래로 내린 다음 엉덩이 뒤로 얹어 포개고 살며시 뒷짐을 집니다. 시선은 약 4m 정도 앞으로 던져 놓습니다. 걸음걸이의 속도는 행선의 각 마디에서의 느낌을 충분히 알아차릴 수 있을 정도로 천천히 걷습니다. 아마 목각인형의 걸음걸이나 병실에서 관절수술을 마치고 걷기연습을 시작하는 환자처럼 우스꽝스럽게 걷게 될 것입니다.

행선을 할 때에도 머리나 몸, 손이나 다리, 혹은 걸음걸이의 모습과 같은 겉모양에 관심을 두지 말고 움직이는 몸에서 느껴지는 사대의 특성에 주목합니다.

행선의 기준점

행선은 움직임의 수행법이므로 좌선과는 다른 기준점이 필요합니다. 좌선에서는 기준점인 아랫배의 움직임이 잘 포착되지만, 행선에서는 아랫배의 움직임보다는 발의 움직임에 따른 느낌이 더 두드러지게 나타납니다. 행선의 기준점은 발에 두는데, 발 중에서도 움직이는 발의 발바닥이나 엄지발가락 끝에 두어 사대의 특성에 깨어있습니다.

두마디 행선

①오른발, ②왼발,…. 하면서 옮겨지는 발에 대하여 깨어있으면서 걸음을 떼어놓습니다. 한쪽 발이 땅에 완전하게 닿은 다음 그 느낌에 대하여 깨어있은 후 다른 발을 옮깁니다. 이때 발바닥이 바닥에 닿을 때의 느낌을 주시합니다. 주로 무거운 느낌을 알아차리게 되는데, 이때의 무거운 느낌이 지대입니다. 지대에 대하여 닿음하고 마음 속으로 이름붙여 깨어있으면서 다음 발을 옮깁니다.

행선에서 이름을 붙일 때는 좌선에서처럼 몇 차례 반복하여 이름붙이지 마십시오. 한걸음에 한 번씩, 닭이 모이를 쪼아 먹듯, 마음 속으로 또박또박 이름붙여 깨어있고 다음 걸음으로 옮아갑니다.

여기에서 발의 동작과 동작의 결과로 따라붙는 사대의 느낌을 확인하기 전에 이름붙여서는 안됩니다. 이름붙여 깨어있을 때는 반드시 행위에 따라 오는 느낌을 먼저 확인한 후 거기에 이름붙여 깨어있어야 합니다.

이 방법은 다음 장에서 살펴볼 《일상의 깨어있음》에서도 동일하게 적용됩니다.

세마디 행선

마음 속으로 ①(발을)들어, ②앞으로, ③놓음,…. 하면서 옮겨지는 발에 대하여 깨어있으면서 걸음을 떼어놓습니다. 이때 수행자의 의식은 들어지는 발에, 앞으로 진행하는 발에, 그리고 놓여지는 발에 집중됩니다. 한쪽 발이 땅에 완전하게 닿은 다음 그 느낌에 대하여 깨어있은 후 다른 발을 옮깁니다.

발을 들어올릴 때는 가벼운 느낌에 대하여 깨어있습니다. 앞으로 옮길 때는 경쾌함에 대하여 깨어있습니다. 발을 내려놓을 때는 무거운 느낌에 대하여 깨어있습니다. 발을 들어올릴 때의 가벼운 느낌과 발을 내려놓을 때의 무거운 느낌은 지대에 해당하며, 발을 앞으로 옮길 때의 경쾌한 느낌은 풍대에 해당합니다.

지대를 알아차리면서 닿음하고 마음 속으로 이름붙여 깨어있으면서 다음 발을 옮깁니다. 풍대를 알아차리면서 앎하고 마음속으로 이름붙여 깨어있으면서 다음 발을 옮깁니다.

세마디 행선에서는 주로 풍대와 지대를 느끼게 되는데, 그 변화에 따른 특성들의 일어남과 사라짐의 현상을 보면서 삼성리를 체감합니다.

여섯 마디 행선

①(발을)들려고함, ②들어, ③(앞으로)가려고함, ④앞으로, ⑤(발을)놓으려함, ⑥놓음,⋯. 하면서 옮겨지는 발의 동작 앞에서 발생하는 의도와 그에 따르는 발의 동작과 느낌에 대하여 깨어있으면서 걸음을 떼어놓습니다. 한쪽 발이 땅에 완전하게 닿은 다음 그 느낌에 대하여 깨어있고

나서 다른 발을 옮깁니다.

여섯마디 행선은 깨어있기 수행의 꽃입니다.
여섯마디 행선에서는 발에서 사대의 느낌을 통찰할 수
있을 뿐 아니라, 동작이나 행위에 앞서 발생하는 의도
까지 알아차릴 수 있습니다. '(발을)들려고함', '(앞으로)가려
고함', '(발을)놓으려함'이 의도에 대한 깨어있음이 놓여야
할 지점입니다.

모든 행위에는 의도가 선행됩니다. 행선을 할 때는 행
선을 하려는 의도가 있습니다. 발을 들 때는 발을 들려
는 의도가 있습니다. 발을 놓을 때는 발을 놓으려는 의
도가 있습니다. 마음에서 화를 낼 때도 화를 내려는 의
도가 있습니다. 음식을 먹을 때도 음식을 먹으려는 의도
가 있습니다. 문을 열고 닫을 때도 문을 열고 닫으려는
의도가 있습니다.
봄이 되어 눈이 녹을 때 눈으로 덮여 있던 사물이 천천히
얼굴을 내미는 것처럼, 집중력 있는 행선으로 동작과 동
작에 대한 알아차림이 점차 세밀해지면 동작 앞에는 아
무것도 존재하지 않을 것으로 생각되었던 그 자리에 의
도가 뚜렷하게 자리잡고 있음을 알 수 있습니다.

발을 들려는 의도를 알아차리고 앎하고 마음 속으로 이름붙여 깨어있고, 발을 들면서 지대를 알아차리고 앎하고 마음 속으로 이름붙여 깨어있습니다. 발이 앞으로 나아가려는 의도를 알아차리고 앎하고 이름붙여 깨어있고, 발이 앞으로 나아가는 과정의 풍대를 알아차리고 앎하고 이름붙여 깨어있습니다. 발을 내려놓으려는 의도를 알아차리고 앎하고 이름붙여 깨어있고, 내려놓을 때의 무게감으로 다가오는 지대를 느끼면서 앎하고 이름붙여 깨어있습니다. 발이 바닥에 닿으면서 느껴지는 축축함을 수대로 알아차리고 앎하고 이름붙여 깨어있습니다. 발이 바닥에 놓여진 무게를 다시 느끼면서 닿음하고 이름붙여 깨어있으므로 여섯마디 행선의 모든 지점에서의 깨어있음을 마칩니다.

여섯마디 행선으로 의도에 대한 깨어있음의 지혜가 계발되었을 때, 의도에 묻어있는 노폐물의 영향으로 발생하는 조급함이나 거친 감정에 대하여 자각할 수 있고, 그에 따른 과격하거나 날카로운 언행을 제어하게 됨으로 깨달음이라는 큰 목적을 이루는 일은 차치하고서라도 일상의 실수와 불편을 크게 줄일 수 있습니다.

의도는 마음의 작용입니다. 의도에 따라오는 행위로서 발의 동작은 몸의 작용입니다. 몸의 작용은 무게감이 있고 감각적으로 두드러지기 때문에 알아차리기가 비교적 쉽습니다. 그러나 마음의 작용으로서 의도는 매우 미세합니다. 깨어있음으로 의도의 미세한 부분까지 알아차리는 능력이 활성화되면 의도처럼 부드럽고 미세한 현상들의 생멸을 감지할 만큼 인식의 촉이 발달합니다. 이렇게 발달된 깨어있음의 힘은 무의식에서 발생하는 노폐물의 일어나고 사라지는 현상을 알아차리기에 충분한 능력을 갖추게 됩니다.

원인이 되는 의도와 결과로서의 행위는 항상 앞서고 뒤따릅니다. 여섯마디 행선을 익히게 되면 세계의 존재는 원인과 결과로 구조화된 의존적 구성체이며, 원인과 결과가 서로 되먹임하면서 반복되는 가운데 삼성리의 원리가 여실히 관철되고 있음을 다시 한 번 체득할 수 있습니다.

행선에서 좌선의 도움얻기

시골에서 여름이 되면 안팎을 가리지 않고 모기가 달라

붙습니다. 행선에서도 몸과 마음이 동정 간에 총합적으로 움직이기 때문에 좌선을 할 때보다 여러 방향에서 장애물이 다가오면서 수행자의 집중력이 그만큼 더 저하될 수 있습니다.

그러다보면 좌선과는 달리 행선 도중 유난히 바닥이나 벽면의 무늬들이 크게 부각되거나 귀를 통하여 들려오는 소리에 신경이 쓰이고 행선동작과 걸음걸이의 모습에 의미를 부여하려고 애쓰면서 산만함에 빠져들 수 있습니다. 그렇게 되면 발을 떼어놓는 순간 몸도 흔들리게 됩니다.

행선에서 장애물에 쉽게 끄달리게 되는 것은 아직 깨어있음의 힘이 약하기 때문입니다. 행선에서 의식이 자꾸 기준점으로부터 달아나면 다시 좌선으로 돌아가 아랫배의 기준점에 집중하십시오.

좌선에서도 공부하였지만, 반복을 하여 깨어있음의 힘을 키우는 일이야말로 망망대해와 같은 마음의 세계를 항해하는데 있어서 놓쳐서는 안 될 가장 중요한 바탕임을 다시 한 번 기억해야 합니다.

두께를 거의 느낄 수 없는 종이의 낱장들이 한 장 두 장 쌓이고 쌓이면 마침내 두께를 갖춘 한 권의 책이 완성됩니다. 깨어있음의 힘을 키우는 일도 한 장 한 장의 종이를 거듭 쌓다가 어느 순간 두께를 느끼는 일과 같아서 깨어있기를 반복하다 보면 자신도 모르는 사이 향상을 보게 되어 행선 할 때는 물론이고 일상에서의 장애물도 쉽게 극복할 수 있습니다.

꾸준하게 수행을 반복하여 일상에서 무의식적으로 튀어나오는 습관의 속도보다 장애물에 대한 깨어있음의 반응속도가 더 빠르게 될 때까지 노력에 노력을 거듭하십시오.

행선을 마무리하기

수행의 초기단계에서는 20분씩, 될 수 있는 대로 하루에 한 번씩 행선을 하십시오. 여섯마디의 행선까지 익숙해지면 행선을 마칠 때의 의도도 능숙하게 알아차릴 수 있습니다. 행선을 마치려함, 발을 세우려함, 세움, 섬, 손을 풀려고함, 풂, 몸이 돌아서려함, 돌아섬, 앉으려함, 앉음, ….

이어서 수행의 목표인 자비를 떠올리며 자신에 대한 감사의 마음과 아울러 이웃과 세계에 대한 감사의 마음을 불러올립니다. 마지막으로 「자비를 향한 기도문」을 외운 후 행선을 마무리 합니다.

일상의 깨어있음

깨어있는 사람은
일상의 의도와 행위, 그리고 그 결과에 대하여
명료하게 알아차림으로
일상을 사는 일상의식과
일상을 넘어서는 자각의식을 겸비하여 행복합니다

커피를 마실 때는 마시는 행위를 알고 앎
방을 쓸 때는 빗자루의 동작이 멈추면 쓸
단추를 맬 때는 매고 나서 맴
가스레인지의 밸브를 잠글 때는 잠그고 나서 잠금
…
대화할 때는 사람을 보고 봄
분위기를 보고 앎
언어가 표현되는 과정을 보고 앎
대화과정에서
자신을 과장하거나 축소하려는 경향성이 보이면 앎으로
의도와 행위의 전 과정에 깨어있습니다

식사를 할 때는
음식물을 먹으려는 의도가 있음을 알고 앎
차려진 음식을 보고 앎
수저를 집으며 집음
단 맛을 느낄 때는 앎
목으로 넘기면 넘김
배가 부르면 불렀음을 알고 앎…
반드시 행위가 끝나는 지점에 이름붙여 깨어있습니다

이름붙이기가 행위에 앞서면
관념이 되어 실상을 놓칩니다
관념은 에고의 양분입니다
깨어있음은 관념에 낀 에고의 흔적을 지워내고
관념이전의 실재를 드러냅니다

신속하게, 정확하게, 강력하게
그리고
촘촘하게, 세밀하게, 끊이지 않게…

의도에 대하여
행위에 대하여
결과에 대하여 깨어있습니다

깨어있기에 집중하다 보면
아이들이 쌓아놓았던 모래성이
바닷물에 헐어지다 마침내 사라지듯
의도도 사라지고
행위도 사라지고
결과도 흔들리는 촛불처럼
이윽고 사라집니다
사라짐을 바라보는 이 '나'는 언제까지 견고할 수 있을까요

일상의 깨어있음

일상생활은 좌선처럼 동작 없는 정지상태나 행선과 같은 순간순간을 알아차릴 수 있는 느린 걸음걸이와는 달리, 무척 다양한 행위와 의도가 모여 이루어지며, 그 행위와 의도에 따르는 속도의 범위와 강도가 매번 변화하기 때문에, 일상에서 수행을 할 때는 각각의 상황과 동작의 마디마디에 따른 민첩한 깨어있음이 요구됩니다.

일상의 깨어있음과 기준점

일상에서 수행을 적용할 경우 기준점은 행위의 끝에 둡니다.

마당을 쓸 때는 빗자루가 좌에서 우로, 혹은 우에서 좌로 이동하면서 정지하게 되는데, 이때 정지하는 그 지점에 기준점을 둡니다. 빗자루가 각 방향 끝 지점에 닿으면 쓸하고 이름붙여 깨어있습니다.

옷을 입을 때에도 각 동작의 마디마디 끝에다 기준점을 둡니다. 옷을 어깨에 걸칠 때는 걸침하여 이름붙여 깨어있습니다. 거울을 볼 때는 봄하고 이름붙여 깨어있습니다. 단추를 맬 때는 단추 매는 동작을 알아차림 하면서 동작의 끝에서 앎하고 이름붙여 깨어있습니다.

느낌에 따른 이름붙이기

행위의 끝에 기준점을 두어 이름붙여 깨어있는 것은 각각의 동작에서 느끼게 되는 사대의 흐름을 명료하게 인식하기 위함입니다. 군인들은 명령에 따라 동작이 발생됩니다. 명령은 동작에 선행합니다. '차렷!' 하면 차렷의 동작이 실행됩니다. '집어!' 하면 집는 동작이 실행됩니다. 그러나 일상의 깨어있음에서는 동작의 끝에 이름붙이가 뒤따릅니다. 이것은 감각이 느껴지는 현상에 대한 보고로서의 성격을 갖습니다.

단추를 맬 경우를 보면, 우선 단추를 매려는 과정전체에

대하여 앎하고 알아차립니다. 그리고 단추를 잡고 나서는
단추를 잡았을 때 느껴지는 사대의 딱딱함을 알아차리고
잡음, 구멍에 밀어 넣고 나서는 밀어 넣을 때의 풍대의 속
도감을 알아차리고 넣음, 단추를 구멍으로부터 되돌려서
빼냈을 때는 지대의 딱딱함을 알아차리고 빼냄…. 등과 같
이 각각의 동작 마디마디의 끝에 기준점을 두어 이름붙여
깨어있습니다.

절대로 이름을 먼저 붙이면서 거기에 동작이 따르게 하지
마십시오. 이름붙이기는 명령이 아닙니다. 사대에 대한 감
각을 느끼는 느낌에 대한 실제적 보고로서 행위 뒤에 이름
붙이기가 곧바로 따라붙어야 합니다.
행위보다 이름붙이기가 앞서게 되면 관념에 실제현상을
갖다 붙이는 억지가 되며, 수레 뒤에 소를 매는 어리석음
을 범하게 됩니다.
동작이 이루어지는 각 과정에 대한 이름붙이는 방법이 처
음에는 번거로울 수도 있지만, 이름붙이기가 번거롭거나
이름이 잘 떠오르지 않을 경우에는 그냥 동작을 놓치지 않
고 알아차리고 있다는 정도의 앎으로 알아차리면서 각각
의 동작에 대하여 깨어있으십시오.

상대방을 만나서 대화할 경우는 상대방을 만나러 떠날 때의 마음상태에 대하여 먼저 깨어있습니다. 설렘은 설렘으로 두려움은 두려움으로 깨어있습니다. 만남의 장소에 도착하면 장소의 분위기에 대하여 깨어있습니다. 넓음은 넓음으로 아늑함은 아늑함으로 깨어있습니다. 상대방의 얼굴을 보았을 때 자신의 마음에서 일어나는 감정에 대하여 깨어있습니다. 반가우면 반가움으로, 초조하면 초조함으로, 불쾌하면 불쾌함으로 깨어있습니다. 상대방을 볼 때는 얼굴의 생김새나 화장을 한 모습과 같은 형상, 혹은 그의 직함과 같은 외부조건에 좌우되지 말고 사대의 특성으로 이루어진 하나의 사물로 인식하여 앎으로 깨어있습니다.

대화가 시작되면 상대방의 말을 듣되 그 말을 해석하려 들지 말고 청각을 통하여 들려오는 소리의 음파대로 받아들여 앎으로 깨어있습니다. 들음, 들음, 앎, 앎, …. 긍정이면 긍정으로 부정이면 부정으로 깨어있습니다. 자신이 의견을 말할 때는 자신의 감정을 다시 알아차립니다. 차분하면 차분함으로 격함은 격함으로 깨어있습니다.

특히 자신의 의견을 말하면서 감정을 알아차리는 일은 상대방과 나누는 대화의 효과를 위해서도 필요하지만, 그 대화 속에서 자신을 과장하여 방어하거나 피해에 대한 두려움 때문에 미리 겁을 먹고 상대방을 공격하려고 애쓰는 에고의 움직임을 알아차릴 수 있는 기회이므로 더욱 밀착된 깨어있음이 필요합니다.

말을 하려는 의도에 대하여 앎으로 깨어있고, 그 의도에 끼어 있는 에고의 흔적에 대해서도 앎으로 깨어있습니다. 또한 에고로부터 오염되지 않은 정제된 의견을 말하고 있음을 알아차려 앎으로 깨어있습니다. 대화를 위한 만남부터 헤어짐까지의 각 과정 속에 머리를 내밀고 끼어들려는 에고의 작용을 에고의 작용으로 알아차려 분명하게 깨어있습니다.

마치 공항 탑승구의 수화물 검색대처럼, 상대방을 향하여 말하려는 의도와 그 의도를 타고 나오는 음절과 단어들을 세밀하게 검색하듯 앎으로 깨어있습니다. 그리고 대화의 결과에 만족하면 만족함으로, 결과가 아쉬우면 아쉬움으로 깨어있습니다.

정밀한 깨어있음이 동반된 대화는 그 결과가 만족스러워도 만족함에 집착하지 않으며 아쉬워도 아쉬움 때문에 마음이 산란해지지 않습니다. 만족함이든 아쉬움이든 나의 본성은 파도를 견디는 든든한 바위처럼 결과에 구애됨 없이 돈독함 그대로 제 모습을 지키고 있음을 볼 수 있어야 합니다.

음식을 먹을 때

음식을 먹을 때는 의도와 행위가 보다 선명하게 드러납니다. 생물학적 몸이 먹이에 반응하는 속도는 다른 자극에 앞서는 본능적인 것이기 때문입니다. 깨어있는 힘이 약할 경우는 본능의 주문 앞에 속수무책으로 알아차림을 놓치게 되는 경우가 허다합니다. 음식먹을 때의 알아차림 수준에 따라 깨어있음의 진도를 가늠할 수 있습니다.

음식먹을 때의 깨어있기는 주로 혼자서 식사할 경우에 하게 되는데, 많이 씹어야 하는 질기거나 딱딱한 음식과 너무 뜨겁거나 차가운 음식을 피하고 간소하게 차리고 시간을 여유있게 잡습니다.
약 40분 정도의 시간을 마련하여 음식먹을 때의 깨어있음을 실행해 보십시오.

식사를 위하여 음식을 차려놓고 자리에 앉습니다. '식사'라고 이름붙여진 행위에 참여하고 있음에 대하여 앎으로 깨어있습니다. 본래 식사란 맛깔나게 요리된 음식을 즐긴다는 식도락의 의미가 부여되기 이전의 행위로서, 생존을 위한 '먹이'를 섭취하는 행위임을 사실판단에 입각하여 인식합니다. 그리고 생물학적 욕구를 해결하기 위하여 나의 몸이 의도에 따라 행위로 반응하고 있음에 대하여 앎으로 깨어있습니다.

먹으려는 의도가 있음을 알아차리고 먹으려함으로 깨어있습니다. 손이 수저로 가는 움직임에 대하여 깨어있습니다. 감, 감, 감,….
수저를 드는 동작에 대하여 깨어있습니다. 듦, 듦, 듦,….
음식을 집는 동작에 대하여 깨어있습니다. 집음, 집음, 집음,…. 음식을 입으로 가져오는 동작에 대하여 깨어있습니다. 가져옴, 가져옴, 가져옴,…. 음식을 입에 넣는 동작에 대하여 깨어있습니다. 넣음, 넣음, 넣음,…. 음식을 씹는 동작에 대하여 깨어있습니다. 씹음, 씹음, 씹음,….

천천히 씹어 먹습니다
쌀을 씹습니다. 단 맛이 돕니다. 단 맛에 대하여 깨어있습니다. 네가 단 맛이로구나. 단 것, 단 것, 달다는 건 이런 것이야, 단 것, 단 것, …. 이렇게 깨어있음을 유지하며 씹는 행위를 이어갑니다. 씹는 행위가 반복되는 동안 단 것은 이내 단 것의 특성을 잃어버리고 밋밋함으로 바뀌어 목구멍을 타고 넘어가는 것을 앎으로 알아차립니다. 이렇게 하여 단 것이란 그저 단 것으로 느껴지는 미각을 발생시키는 에너지의 흐름에 지나지 않음을 알아 단 것에 대한 구속으로부터 벗어납니다.

뜨거운 국물이 놓여있습니다.
먹으려는 의도가 있음에 대하여 먹으려함으로 깨어있습니다. 국물을 먹습니다. 너무 뜨거우면 국사발에 국물을 뱉으면서 뜨거운 특성으로서 화대를 알아차립니다. 앎, 앎, 앎, …. 조금 식혀서 다시 숟가락으로 떠먹습니다. 뜨거움이 좀 식어졌으면 식어졌음에 대하여 깨어있습니다. 뜨거움, 뜨거움, 뜨거움, 네가 뜨거운 것이로구나, 뜨거움, 뜨거움, ….
뜨거움에 대하여 깨어있으면서 화대를 알아차리고, 뜨거움은 뜨거움의 특성을 버리고 밋밋한 온도로 변하여 목구멍을 타고 넘어가는 것을 앎으로 깨어있습니다. 이렇게 하여 화대의 생멸을 알아차림과 동시에 뜨거움이 주는 두려움의 구속으로부터 벗어납니다.

구운 고등어를 내려다봅니다.
빨리 먹고 싶은 마음이 드는 것에 대하여 앎으로 깨어있습니다. 빨리 먹고 싶어 하는 마음이 급하게 먹으려는 행위를 이끌어오는 의도임을 앎으로 깨어있습니다. 그 의도가 고기를 먹기 전에 빨리, 그리고 많이 먹어야겠다는 욕망으로 변화하는 과정에 대하여 깨어있습니다. 욕망에 대하여 깨어있음으로 젓가락질을 합니다. 욕망, 욕망, 욕망, ….

욕망에 대하여 깨어있으면 젓가락 위에 고기만 올려 놓고 먹게 되지만, 욕망에 대하여 깨어있지 못하면 젓가락 위에 고기를 놓고 거기에 욕망을 얹어서 먹게 됩니다. 고기만 먹으면 고기에 집착하지 않아 고기에 지배당하지 않습니다. 그러나 고기에 욕망을 얹어서 먹게 되면 고기와 더불어 욕망까지도 함께 먹게 되어 고기와 욕망에 구속당하게 되고, 더 크고 깊은 욕망이라는 유령의 시녀로 전락하게 됩니다.

식사할 때의 깨어있음은 우리가 가진 욕망 중에서도 가장 원초적인 욕망인 식욕과 그에 따른 의도의 정체를 알아차리게 합니다. 깨어있음이 동반된 식사는 아무리 보암직하고 먹음직해 보이는 음식 앞에서 의도가 거칠게 날뛰더라도 그것은 알아차림 되지 못한 내면의 의식에 잠재된 기억 이미지가 욕망과 결탁된 채로 좋고 싫음의 색깔로 표출된 것임을 관찰할 수 있게 되어, 망상이 그 실체가 없듯 의도 역시 실체 없이 일어났다가 곧바로 사라지는 욕망의 패턴화된 그림자에 지나지 않음을 알게 됩니다.

따라서 식사할 때의 깨어있음은 욕망에 따라 드러나는 의도에 휘말리지 않으면서 의도를 알아차리고 통제하는 지혜를 가져다 줍니다.

음식 먹을 때의 의도에는 '(음식을)먹으려함', '(수저를)들려고함', '(음식을)집으려함', '(음식을)가져오려함', '(음식을)씹으려함', '(음식물을)넘기려함…'. 등이 쉴 새 없이 반복되는데, 음식먹을 때 일어나는 의도는 행선의 경우보다 다채로우며, 때로는 강한 자극으로 나타나기도 하고 무척 미세하게 나타나기도 합니다. 특히 식욕에 대한 의도는 그 의도를 알아차리기도 전에 행위에 압도당할 만큼 빠르고 강력하게 일어나는 특징을 보입니다.

수행의 처음단계에서는 식사할 때 발생하는 모든 의도
를 알아차리기가 어려우므로, 음식에 관련된 의도로서
'(음식을)가져오려함', '(음식을)씹으려함', '(음식물을)넘기려함'의
세 의도에 대하여 먼저 깨어있습니다. 여섯 마디 행선을
잘 익힘으로 욕망을 부추기는 식욕이라는 의도에 대하
여 신속·정확·강력하게 깨어있어야 합니다. 그렇게 하여
몸과 마음을 타고 흐르는 의도와 행위를 객관적으로 바라
보아 거기에 지배당하지 않도록 하십시오.

깨어있음으로 식사를 마칩니다. 천천히 아주 천천히 먹어
야 합니다. 식사를 하기 전보다 배가 불러있다면 배가 불
렀음에 대하여 앎으로 깨어있습니다.
단 것, 고소한 것, 뜨거운 것, 미지근한 것, 짐짐한 것들
을 이로 씹고 목구멍으로 넘기면서 식사를 끝냈음을 앎으
로 깨어있습니다. 단 것도 고소한 것도 잠시 혀끝에 머물
다가 사라졌음을 앎으로 깨어있습니다. 맛은 맛으로 존재
하지만, 그 맛의 존속기간은 지극히 짧았을 뿐 아니라, 맛
에도 실체가 없었음을 알아차리고, 그 맛을 과대평가하여
행위를 거칠게 이끌었던 의도 역시 맛의 사라짐과 함께 상

변·무아·일체의 바다로 녹아 들어 평온함만 남았음을 앎
으로 깨어있습니다.

깨어있음의 힘을 키우기 위한 방법

깨어있는 사람이
좌선, 행선, 일상의 깨어있음…
언제나 어디서나 깨어있음에도 불구하고
곤고함에서 벗어나기 힘들 때
깨어있음의 힘을 북돋기 위하여

하심으로 짊어진 짐을 내려놓습니다
방석을 놓고 몸을 굽히고 이마를 땅에 대어 절을 합니다
허리가 끊어지고 땀으로 몸이 녹아내릴 때까지
절에 절을 거듭합니다

허리가 쑤실 때는 쑤심
땀이 흘러내릴 때는 앎
몸무게가 압도해올 때는 앎

몸의 고통, 수행에 대한 회의, 게으름, 낙망,…
몸을 거꾸러뜨리듯 한꺼번에 쏟아냅니다
절을 하면서 몸을 깎고, 부수고, 갈아내면서
그놈으로부터 항복을 받아냅니다

삶에 의기소침 한 사람은 상심함으로 자존감을 키웁니다
내가 잘하는 것을 열심히 합니다
내가 좋아하는 것을 즐겁게 합니다
누가 뭐라고 평가하든 아랑곳하지 않고
내가 잘하고 좋아하는 것이니 재미스럽게 하고 또 합니다
제 갈 길을 가는데 큰 유익이 있습니다
삶을 컨닝하면 낭패입니다

연필을 잘 깎기만 해도
밥만 잘 먹어도 백일 수행한 결과를 한몫에 쥘 수 있습니다
천국이나 극락이 따로 있지 않듯, 수행이 따로 있지 않습니다

몸뚱이를 봅니다
살갗의 자루 속에 덜그덕거리는 뼈다귀와
느끼한 고름, 가래, 오줌, 들척지근한 살점
하루라도 씻지 않으면 이구멍저구멍에서 삐져나오는
액체와 불쾌한 냄새들
집어넣고 또 집어넣어도 채워질 줄 모르는 욕망의 주머니 위장
내가 아프니 살려달라고 아우성치는
나머지 장기들과 신경그물들
몸은 그다지 매력적인 물건이 되지 못함을 압니다

일어나 만물을 봅니다
매화, 돌멩이, 산까지, 고양이, 자동차
새소리, 경적소리, 하늘의 별…
손을 펼치면 다섯 손가락이 보입니다
눈앞에 존재하는 사물은 일체가 전개된 모습임을 직관합니다
손을 오므리면 다섯 손가락이 주먹이 되어 접혀 들어갑니다
일체는 사물이 접혀 들어간 주먹과 같음을 직관합니다

펼쳐지면 만물이요
접혀지면 일체가 됨을
깨어있는 사람은 확연히 압니다

깨어있음의 힘을 키우기 위한 방법

좌선과 행선을 하고 일상의 깨어있기에 공을 들여도 에고의 뿌리가 쉽사리 뽑히지 않는 경우를 보게 됩니다. 그도 그럴 것이 평생을 살아오면서 한 번도 마음에 관심을 두지 못하고 에고의 명령을 좇으면서 살아온 사람들이 깨어있음에 어느 정도 참여를 했다고 해서 마음이 고분고분 말을 듣게 되는 것은 아닐 것입니다. 그동안 에고를 따라 형성된 마음의 관성이 그만큼 깊고 견고하기 때문입니다.

아래에 소개하는 수행법들은 좌선과 행선을 함에 있어서 깨어있음의 힘을 키우는데 도움을 줄 수 있는 수행의 보조 방편입니다. 좌선과 행선을 중심으로 삼고 이 방법들을 병행해 보십시오. 좌선과 행선으로 얻을 수 있는 깨어있음의 힘과 효과가 보다 선명하게 와 닿을 것입니다.

깨어있음을 위한 하심下心은 마음에 고통과 짐을 지우는 무거운 짐을 내려놓는다는 의미로서, 절을 통한 깨어있음의 방법입니다.

똑바로 일어서서 두 발 앞 20㎝ 정도에 방석을 놓으십시오. 일어선 자세에서 두 팔을 바지 재봉선 위로 자연스럽게 내린 다음, 양쪽 귀에 닿게 위로 넓게 벌리면서 정수리 위에서 손바닥을 모아 가슴 앞으로 가져옵니다. 이어서 무릎을 꿇고 앉으면서 두 손바닥으로 땅을 짚어 이마를 대며 절을 하고, 두 손을 하늘을 향해 받쳐 올리면서 자신의 기도를 존재의 근원자를 향하여 드립니다.

존재의 근원자를 하나님이라고 해도 좋고 부처님, 혹은 진리 그 자체로 설정해도 좋습니다. 하나님이든 부처님이든 진리 그 자체이든 형상이 있는 실체를 상상하는 것이 아니라 마음을 내려놓기 위한 내면의 구심점으로 삼는 것입니다. 하심하면서 드리는 기도에는 이제 후로 나의 에고를 당신 앞에 내려놓고 당신의 섭리인 삼성리를 따라 지혜와 자비를 겸비한 사람으로 살아가려는 목표가 담기도록 합니다.

깨어있음을 위한 하심은 한 번 할 때마다 보통 24회의 절을 합니다. 깨어있음을 위한 하심에서 절을 24회로 정하는 이유는 하루 24시간을 깨어있음으로 청정하게 살겠다는 의지의 표현입니다. 절의 횟수는 깨어있음을 향한 결심을 굳게 하거나 에고로부터 발생되는 두드러진 장애물과 부정적인 관습을 녹이기 위해서 자신의 결심만큼 늘려나갈 수 있습니다.

절을 하며 무아를 경험하다

절을 통한 하심은 절이라는 행위를 하는 동안 일어나고 사라지는 사대의 특성들을 실제적으로 경험하면서 몸과 마음에 낀 노폐물을 녹이는데 효과적입니다.

절을 하는 수행자는 절이 반복될수록 근육, 허리, 관절의 쑤심이나 결림으로 나타나는 통증과 그 통증이 사라지는 시원함, 그리고 마음으로부터 일어나는 깨어있음에 대한 분발심이나 망상, 혹은 게으름 등에서 비롯되는 갈망과 혐오의 기분들을 무수히 만나게 됩니다.

절을 하면서 동작동작마다 촘촘히 깨어있으십시오. 내림,

벌림, 모음, 가져옴, 굽힘, 숙임, 닿음, 올림, 드림,…. 몸의 무게가 느껴지면 지대를 앎으로 앎, 열기가 느껴지면 화대를 앎으로 앎, 냉기가 느껴지면 화대를 앎으로 앎. 흐르는 땀에서 수대를 느끼면서 앎,…. 마지막 동작으로 자신의 기원을 존재의 근원자를 향하여 드리십시오.

절을 반복함으로, 마치 나무에 껍질이 붙어 있는 것처럼 나의 몸과 마음에 기생하여 나를 결박시키고 있는 심리적인 허물의 형체들을 볼 수 있습니다. 절이 거듭될수록 물리적·생체적 작용에 열기가 더해져서 통증과 압박감이 밀려오고, 통증과 압박에 떠밀려 몸과 마음에 달라붙어 있던 허물이 고름처럼 터져 나오기 시작합니다. 이때 수행자는 허물이 터져 나오는 과정을 놓치지 않고 세세하고 꼼꼼하게 앎으로 깨어있습니다.

절을 하면서 깨어있음의 배율이 높아질수록 몸이라는 물질덩어리 위에 중력을 따라 부과되는 무게감의 고통을 처절하게 느끼게 되고, 집중된 의식으로부터 배출되는 땀에 의하여 육중하게 부과된 무게감이 사대의 특성들이 모이고 흩어짐에 따라 빗물처럼 흘러내리는 과정을 목도하면서, 수행자는 아무런 실체를 가지지 않는 자아의 모습으로서 무아를 대면하게 됩니다.

하심이 에고의 횡포를 약화시키고 욕망을 경감시키는데 효과적이지만, 수행자에게 일률적으로 통용될 수는 없습니다. 수행자 중에 자존감이 낮아 타인과 비교하는데 길들여져 있거나 열등감에 젖어 있는 사람들에게는 자신을 내려놓는 것보다 자신의 존재감을 북돋는 수행법이 제공되어야 합니다. 그것이 하심과 대비되는 수행법으로서 상심법上心法입니다.

깨어있음을 위한 상심은 자신을 억압하면서 자신의 본성을 올바로 바라보지 못하도록 결박하는 내면의 장애물들을 의식의 표면으로 이끌어낸 다음 존재의 근원자를 향하여 장애물을 경감하고 소멸시켜줄 것을 소원함과 동시에 모든 존재에 동일하게 깃든 존재의 본성을 깨달을 수 있도록 아래의 주제인 〈존재에 깃든 신성 자각하기〉와 같은 방법을 사용하여 존재일반에 대한 긍정적 시야를 틔워줌으로 자존감을 북돋습니다.

빽빽하고 북적거리는 도시는 사람을 짜증나게 합니다. 시골은 전망이 트여서 여유를 줍니다. 여백의 있고 없음의 차이입니다. 여백은 시간의 여백과 공간의 여백입니다. 여백은 객관성을 만들고 객관성은 긍정성을 낳습니다. 객관적이란 대상을 바라보는 주체의 마음에 노폐물이 제거된 청명한 상태로서, 이 마음은 상변과 무아의 이치를 터득하여 세상을 살만한 곳으로 바라보게 합니다. 세상을 살만한 곳으로 바라보는 시각이 긍정성입니다.

상심이 요구되는 수행자가 여백을 통하여 삶의 긍정성을 경험하기 위해서는 깨어있음과 아울러 한적한 전원을 가까이 하고 땅으로부터 생장하는 작물이나 화초 등에 관심을 가질 수 있는 계기를 얻어야 합니다. 자연물은 인간에게 가장 친절하고 부드러운 모습으로 그들 속에 깃든 신성을 드러내 보이는 자상함을 가지고 있습니다.
인류에게 깨달음의 지혜를 가져온 성인들은 도시에서 도를 구하지 않았습니다. 그들의 교실은 전원이며 광야였습니다. 목가적일 때 상심의 성취가 빠릅니다.

또한 상심이 요구되는 수행자는 자신이 손쉽게 만들고 완성할 수 있는 취미나 소규모의 과제를 선택하여 자신감을 키워야 합니다.
상심이 요구되는 수행자는 물론이고, 진리를 얻겠다고 어렵고 먼데 있는 것을 동경하는 것은 어리석음이 낳은 지독한 편견입니다. 깨달음은 작고 쉽고 가까운 것에 존재합니다. 작고 쉽고 가까운 것을 크고 어렵고 먼 것과 분별하면서 작고 쉽고 가까운 것의 가치를 깎아 내리려는 분별심만 걷어낼 수 있다면 수행의 결과를 얻기는 한결 쉬워집니다. 지혜자는 집 밖을 나가지 않아도 천하를 알고不出戶知天下, 작은 겨자씨 한 알에서 진리를 봅니다.

쉬운 것, 소소한 것, 가까이 있는 것으로 깨어있음의 소재를 삼으십시오. 거기에 있어야 할 것이 모두 구비되어 있습니다.

하기야 나의 호흡을 주시하는 일이나 아랫배가 일어나고 사라지는 것을 보는 것처럼 소소하면서도 쉽고, 가까이 있는 것이 또 어디 있겠습니까!

깨어있음과 탈물

탈물脫物은 물질로부터 벗어난다는 뜻입니다. 어느 때인가 예수님에게 다가온 사탄은 '돌을 떡이 되게 하라'는 유혹으로 인간의 일차적인 삶의 조건인 물질과 자신을 동일시할 것을 요구한 적이 있었습니다. 에고는 물질과 자기 자신을 동일시하기를 즐겨합니다.

깨어있음을 위한 탈물은 자신을 물질과 동일시하려는 그

릇된 자기 동일시와 육체의 나를 나로 착각하는 물질적 사고로부터 벗어나기 위하여 물질과 몸을 하심하여 탈물하는 깨어있기의 방법입니다.

종교의 예배에서 행해지는 봉헌이나 보시는 본래 탈물의 정신을 담고 있습니다. 다만 통속적인 예배에서의 봉헌이나 보시는 물질을 드리되 조건적인 마음이 개입됨으로 또 다른 세속적·물질적 욕구를 채우려는 유위有爲의 행위에 머무르게 되지만, 깨어있음을 위한 탈물에서의 봉헌과 보시는 물질에 대한 집착과 물질과의 그릇된 자기동일시로부터 벗어나기 위한 깨어있음의 차원에서 자기비움의 의미를 갖습니다.

물질을 봉헌하거나 보시할 때 탈물의 의미를 되새기면 봉헌이 거듭될수록 마음이 비워져서 물질의 올무로부터 해방되는 행복을 경험하게 됩니다. 다음의 성구와 기도문을 참고하여 탈물의 의미를 새겨보십시오.

> 비록 무화과나무가 무성하지 못하며 포도나무에 열매가 없으며 감람나무에 소출이 없으며 밭에 먹을 것이 없으며 우리에 양이 없으며 외양간에 소가 없을지라도, 나는 야훼로 말미암아 즐거워하며 나의 구원의 하나님으로 말미암아 기뻐하리로다. (하바꾹 3장 17-18절)

삶의 근원이신 당신께 물질을 드립니다. 이 물질을 드림으로 물질을 가지되 물질로부터 자유할 수 있는 용기와 지혜를 얻게 하소서. 내가 소유한 물질이 진리를 깨닫기 위한 도구가 되게 하시되 장애물이 되지 않게 하소서. 물질이 있음으로 교만하거나 물질이 없음으로 의기소침해지지 않도록 나를 도우시고, 물질인 나의 육체와 재물을 통해 물질에 깃들어 있으면서도 물질을 넘어서는 당신의 존재를 만나게 하소서.

몸 관찰

에고는 상에 달라붙기를 좋아하고 재물에 대한 집착으로도 작용하지만, 그보다는 생물학적 몸에 나를 가두려는 물질적 편견으로 강하게 다가옵니다.

깨어있음과 사대의 관계를 알아보았듯이, 깨어있음의 수준이 높아지면 몸과 마음을 구성하고 있는 사대의 특성에 대한 관찰이 깊어지면서 나를 형성하고 있는 조건인 몸이 그다지 매력적이거나 신뢰할 만한 것이 못됨을 경험하게 됩니다.

특히 오늘날처럼 과도하게 외모에 대한 관심이 지배하고 '100세 인생'을 말하는 시대를 살아가는 사람들이 깨어있음에 관심을 가짐으로, 몸이란 건강하여 집착하거나 병때문에 두려움을 가질 만한 대상이 되지 못함을 아는 일은 존재에 대한 인식수준을 높이는 일에 도움이 됩니다.

여기에 소개하는 몸 관찰 방법을 활용할 때도 모양으로 드러난 몸을 보지 말고 사대에 입각한 몸의 특성을 통찰하면서 몸에 대한 집착과 두려움으로부터 벗어나도록 하십시오.

먼저, 몸을 이루는 주요부분을 분류하여 나눕니다. 깨어있기 수행에서는 몸을 32부분으로 나누어 바라봅니다.

머리카락, 몸, 털, 손발톱, 이빨, 살, 힘줄, 뼈, 뼛골, 콩팥, 염통, 간, 횡경막, 지라, 허파, 창자, 생식기, 위장, 똥, 골, 쓸개즙, 가래, 고름, 피, 땀, 지방, 눈물, 기름, 침, 콧물, 뼈마디액, 오줌.

32부분으로 나눈 몸의 부분을 소리내어 외웁니다. 머리카락에서부터 마지막 오줌까지 밑으로 외우고, 다시 오줌으로부터 머리카락까지 거꾸로 외워 올라갑니다. 계속 외우다 보면 몸을 이루고 있는 각 기관이나 요소들이 이미지를 가진 형상으로 하나씩 떠오르게 될 것입니다. 이때 각 기관이나 요소들의 빛깔, 생김새, 위치를 차례로 기억합니다.

그 다음 각 부분의 역할과 상태를 구체적으로 시각화하면서 알아차립니다. 깨어있음의 관점에서 위장의 역할과 상태를 시각화하면 다음과 같습니다.

위장은 젖은 천의 두 끝을 잡고 비틀어 짜서 생긴 가운데의 볼록한 부분처럼 생겼다. 바깥은 미끄럽고 안은 고기 찌꺼기를 엮어 놓은 것 같은 지저분하고 낡은 걸레처럼 생겼다. 색은 희끄무레하고 그 안에는 수많은 벌레들이 기생하여 살고 있다. 이 벌레들은 먹을 것이 없을 때에는 저마다 이상한 소리를 지르면서 자기들 가슴을 들이받는다. 음식이 들어오면 뾰족한 입으로 재빨리 먹기 시작한다. 위장은 이렇게 기생하는 벌레들이 기대어 사는 벌레의 집이고 똥의 집이고 어둡고 냄새 나는 무덤과 같다. 마치 가난한 사람들이 모여 사는 마을에 썩은 물이 고인 도랑이 있는데 여름철 소나기에 똥오줌, 뼈다귀, 썩은 쥐나 개, 가래나 코피와 같은 온갖 쓰레기가 이곳으로 떠내려 온 모습과도 같다. 며칠 지나면 이 쓰레기에 갖가지 벌레가 생겨서 헤엄쳐 다니고 뜨거운 햇빛이 비치면 부글부글 끓어서 거품이 피어 오른다. 곧이어 이 시궁창은 거무죽죽한 색으로 부패하고 지독한 냄새로 진동한다.

마찬가지로 사람의 위장에서도 이빨로 끊고 혀로 휘저어 침으로 골고루 섞은 음식을 쓸개즙 같은 퀴퀴한 액체가 뒤섞어 배의 온도로 끓여낸다. 그렇게 되면 수많은 벌레들이 서로 엉켜서 헤엄쳐 다니고 거품과 기름이 생겨나서 눈으로 차마 볼 수 없는 모양이 생기고 코로 맡을 수 없는 지독한 냄새가 창궐하게 된다.

위장에 들어온 것을 더러는 벌레들이 먹고, 더러는 배의 온도를 데우는데 쓰이고, 더러는 똥이 되고, 더러는 오줌이 되고, 나머지는 피와 살이 된다.

이렇게 위장의 모습과 그 역할을 떠올리면서 위장이 하는 일의 더럽고 메스꺼운 모습을 시각화하여 알아차립니다. 아울러 더럽고 메스꺼운 것, 더럽고 메스꺼운 것, ….하고 느끼면서 그 느낌을 내면화합니다. 몸을 이루는 기관의 역할과 상태에 대한 알아차림을 반복하다 보면 일차적으로는 음식에 대한 욕심으로서 식탐을 현저하게 덜어낼 수 있고, 몸을 위한 과도한 관심이나 집착, 그리고 그로부터 발생되는 스트레스로부터 풀려날 수 있습니다.

몸 관찰은 몸에 구속되려는 에고의 경향성으로부터 벗어나기 위하여 신체의 부정한 모습을 시각화하여 바라보는 과정입니다. 몸 관찰은 몸의 부정한 모습을 시각화하여 깨어있으므로 정·부정淨·不淨에 걸리지 않는 자유로움에 다다르게 하는데 효과적입니다.

위장을 비롯한 몸의 나머지 31기관에 대해서도 같은 방법으로 시각화하여 깨어있습니다.

존재는 존재일 뿐입니다. 존재에는 의미가 없습니다. 사람의 몸이든 길가에 나뒹구는 돌멩이든 들의 꽃이든 존재는 존재 그 자체입니다. 거기에는 선이나 불선, 좋음이나 싫음, 정신적 가치나 종교적 의미 등이 따로 존재하지 않습니다. 똥이 밭에 있으면 거름이 되고 방안에 있으면 오물이 된다고 하더라도 똥 자체에 오물이나 거름이 되는 고유한 본성이 존재하지 않습니다. 인간은 인간이며 똥은 똥입니다.

의미부여나 가치판단으로부터 훌쩍 벗어난 존재의 있는 그대로의 모습을 일컬어 존재의 실상이라고 하였습니다. 실상에 담긴 존재의 근원적 본성을 기독교의 언어로 신성이라고 하고 불교에서는 불성, 혹은 공이라고 합니다. 신성이나 불성이나 공이라고 해서 각 개념에 해당하는 초월적인 성분이나 신비한 성질이 따로 존재하는 것도 물론 아닙니다. 이 개념들은 삼성리의 원리에 따라 사대의 특성으로 형성되는 무시무종·무소부재의 현상을 띤 일체의 성분을 각각의 종교문화적 차원에서 그들의 용어를 빌려 드러내려 할 뿐입니다. 그러므로 신성이란 그 표현을 달리하여 '그것'이라고 하든지 '발바닥의 땟국물'이라고 하든지 상관없이 존재의 실상을 나타내기 위한 '언어딱지'에 지나지 않습니다.

존재에 깃든 신성을 직관하기 위한 깨어있음의 방법이 '존재에 깃든 신성 자각하기'입니다. 존재에 깃든 신성을 자각하기 위하여 다음의 방법을 활용합니다.

손의 펼침과 오므림

책상 위에 한 쪽 팔꿈치를 올려놓고 세워보십시오. 그리고 손을 펴십시오. 그러면 다섯 손가락이 드러날 것입니다. 손바닥이 눈 쪽으로 오도록 곧게 세우십시오. 그런 다음 눈으로 다섯 손가락을 애정을 가지고 천천히 세어보십시오. 엄지손가락에서 새끼손가락으로, 다시 새끼손가락에서 엄지손가락으로 천천히 애정을 가지고 세어야 합니다. 네가 바로 엄지였구나, 네가 약지였구나, 네가 새끼손가락이었구나, ….

그런 다음 각각의 손가락에 자신이 좋아하는 사람이나 꽃, 짐승과 같은 사물의 이름을 붙이면서 다시 세어보십시오.

강아지, 피아노, 새털구름, 모차르트, 함박눈, 지리산, 핸드폰, 진달래, 현무암, 인도, 고드름,⋯. 다른 쪽 손으로 쓰다듬으면서 손가락마다 이름을 붙이고 애정을 가지고 들여다보십시오. 이제 펼쳤던 다섯 손가락을 접어서 주먹이 되게 하십시오. 당신의 손은 다섯 손가락이 접혀져서 하나의 주먹이 되었음을 볼 수 있을 것입니다.

의자에 앉았으면 앉은 대로 좌선이면 좌선자세 대로 눈을 감으십시오. 조금 전 눈을 떴을 때 눈앞에 나타났던 현상을 떠올려 보십시오. 어떤 현상이 일어났었습니까. 그렇습니다. 다섯 손가락의 펼침이었습니다. 다섯 손가락에는 강아지도 있었고, 모차르트도 있었으며, 새털구름, 핸드폰, 함박눈, 현무암,⋯. 모든 삼라만상이 들어 있었습니다. 그리고 주먹 쥐어진 손을 떠올려보십시오. 펼쳐졌던 다섯 손가락이 접혀져서 하나의 주먹이 되었습니다. 강아지도 모차르트도 함박눈도 핸드폰도 지리산도 주먹 속으로 녹아들어 하나의 본체가 되었습니다.

손의 펼침과 오므림 속에서 드러나기도 하고 접혀지기도 하는 사물의 모습을 보십시오. 만물이란 일체의 자리로부터 흘러나오는 존재의 자기펼침이요, 일체의 자리는 그의 오므림입니다. 펼치면 만물이요 오므리면 일체입니다.

일체의 자리로부터 비롯된 삼라만상은 각각의 사물 안에 동일한 본성을 공유하고 있습니다. 다르다는 것은 상변과 무아의 과정을 통하여 손가락의 드러남과 사라짐, 그리고 그들에게 덧씌워진 이름과 모양일 뿐, 그 근본은 만물의 근원적 본성인 신성으로 동일합니다.

수행자는 손의 펼침과 오므림 속에서 만물의 전개와 회귀를 직관하며 모든 존재에 깃든 동일한 본성인 신성을 뚜렷하게 자각함으로 존재와 나 사이의 차이나 차별, 그리고 존재에 대한 낯선 감정이나 두려움, 열등감으로부터 벗어나 즐겁고도 당당하게 지금·여기의 주인공으로 되살아납니다.

깨어있기 수행의 진행순서

개인의 수행은 좌선과 행선을 중심으로 이루어집니다
좌선은 매일 아침저녁으로 20분 정도 합니다
행선도 20분씩 곁들여 합니다

반복이 중요합니다
반복하고 또 반복합니다
반복하면 뇌의 회로에 입력되었던 정보와 습관들이
깨어있음에 호응하는 패턴으로 바뀌어집니다.

공동으로 수행할 경우에는
마음을 향한 기도로 존재에 대한 경외감을 갖습니다
거룩한 상징의 사용으로 산란한 마음을 다잡습니다
나 여기·지금 행복을 앎으로 시공간의 주인인 나를 확인합니다
좌선을 합니다
행선을 합니다
깨어있음을 위한 하심으로
절을 통하여 몸과 마음의 무게를 내려놓습니다
깨어있음을 위한 상심으로
마음여행에 들어선 자신을 응원합니다
자비를 향한 기도를 함으로 수행의 목표인 자비를 구현합니다
뭇 존재를 향한 복을 빎으로 수행을 마무리합니다

깨어있기 수행의 점검과 보고

보고할 때는 용어를 통일합니다
수행처에서 사용하는 용어를 활용합니다

보고의 순서는
좌선, 행선, 일상의 깨어있음, 자비를 향한 깨어있음의
순서로 합니다
보고할 때는 보고사항을 점검표에 메모하여 보고합니다
말과 생각에 거품이 끼어들 경우
거품을 일으키는 망상에 대하여 깨어있습니다
거품이 끼면 깨어있음에 대한 보고가
관념적이거나 산만해질 수 있습니다
말과 생각을 압축하여 보고합니다

오직 깨어있는 도중에
깨어있음으로 알아차림 된 것만 보고합니다
체험은 자신에게 도달된 것에 한하여 유용합니다
모든 존재방식이 정직한 것처럼
깨어있는 사람은 정직합니다

이제 물으십시오
아무런 가치판단 없이
깨어있음에서 경험하게 된 것에 대하여 물으십시오
경험한 만큼 묻게 되고
수행의 의지가 투철한 만큼 묻게 됩니다
물음이 치열할수록 열매는 그리 멀리 있지 않습니다

깨어있기 수행의 진행순서

지금까지 살펴본 바에 따라 깨어있기 수행의 전반을 이해 하였으면 아래 순서를 참고하여 수행을 진행합니다. 개인 의 수행은 좌선과 행선이 중심이 되지만, 공동체모임에서 수행을 하게 될 경우 아래의 순서에 따라 진행하십시오.

마음을 향한 기도

수행을 시작하면서 「마음을 향한 기도」를 올립니다. 둥글 게 둘러서거나 전면을 향하여 서서 마음을 향한 기도를 올 립니다. 수행의 시작과 끝은 마음에 있음을 알고 마음으로 의식을 모읍니다. 마음을 향한 기도는 옆면의 악보를 참고 하십시오. 조용히 소리 내어 노래해도 좋고 마음으로 음미 하면서 드려도 좋습니다.

기도의 자세는 일어서든 앉든 합장合掌이어야 합니다. 가슴 앞에 두 손바닥을 펴서 간절한 마음을 담아 가지런히 모으십시오. 손을 사타구니에 끼워 넣거나 의자 위에 얹은 채 허리를 꾸벅이면서 드리는 기도는 불경不敬에 해당합니다.

마음을 향한 기도

작사 / 작곡 김철원

마음을 모아 천천히

거룩한 상징의 사용

마음을 향한 기도를 마친 후 자리에 앉습니다. 수행을 위한 마음을 고르기 위하여 성상이나 음악, 경구 등을 사용합니다. 수행을 위한 장소 앞에 성화를 놓고 그것을 바라보거나 음악을 듣고 성구를 암송하면서 흐트러진 마음을 가지런히 합니다. 마음을 향한 기도와 거룩한 상징의 사용은 깨어있기를 시작하기 위한 준비단계이므로 5분을 넘지 않도록 합니다.

거룩한 상징을 사용할 때에는 반드시 어상이상의 지혜를 잊지 않도록 하십시오.

나 여기·지금 행복

마음을 향한 기도와 거룩한 상징을 사용한 후, 수행에 임하는 자기 자신의 존엄을 응원합니다. 그리고 수행의 주체는 나이며, 이번 수행을 통하여 보다 청명한 행복의 자리에 들겠다는 결의와 더불어 깨어있기 수행이야말로 행복으로 가는 손쉽고도 정확한 길이며, 깨어있기 수행에 임하는 나 자신이 여기에 있는 지금 이대로가 행복한 일임을 확인합니다.

자리에 앉은 자신을 알아차리면서 마음속으로 나 여기·지금 행복을 들숨과 날숨에 맞추어 5회 정도 반복합니다.

나 여기·지금 행복을 확인하며 자리에 앉은 자신을 알아차린 후, 호흡에 맞추어 숫자를 두 음절로 붙여 나갑니다. 혹은 상징을 활용하여 집중을 도모합니다. 좌선의 〈숫자붙이기와 집중〉, 〈성상을 통한 집중〉을 참고하십시오.

마음의 산란함이 잦아들어 깨어있음의 진행이 순조로운 경우에는 마음을 향한 기도를 드린 다음 곧바로 나 여기·지금 행복을 명상한 후 깨어있음의 본과정인 좌선과 행선으로 들어가도 좋습니다.

좌선

아랫배의 일어나고 사라지는 현상을 기준점으로 삼고 마음을 향한 항해를 시작합니다. 몸과 마음강물에 떠오르는 부유물에 대하여 신속·정확·강력하게 이름을 붙이면서 깨어있습니다.

기준점이야말로 거칠게 날뛰는 마음을 다소곳하게 매어놓을 수 있는 믿을 만한 말뚝임을 명심하고 몸과 마음에서 일어나고 사라지는 감각과 현상에 대하여 이름붙여 명료하게 깨어있습니다.

좌선을 마치면 좌선을 마치는 것을 알아차리고 행선을 합니다. 수행초기에는 좌선과 행선을 각각 같은 시간만큼 하다가 차차 깨어있음이 무르익으면 좌선시간보다 행선시간을 늘려가도록 하십시오. 좌선과 행선의 비율은 1:3정도가 알맞습니다.

두마디의 행선과 세마디의 행선, 그리고 여섯마디의 행선으로 옮아가면서 사대의 특성에 대한 깨어있음의 배율을 높여가십시오.

깨어있음을 위한 하심, 상심

좌선과 행선으로 몸과 마음을 바라본 다음, 에고로부터 부과된 마음의 노폐물을 내려놓고 더욱 증진된 깨어있음과 열매를 위하여 나를 그분 앞에 내어 맡깁니다. 깨어있음을 위한 하심은 한번에 24회의 절을 하고 횟수를 점차 늘려갑니다.

깨어있음을 위한 하심과 동시에 하심 가운데서도 상실되어서는 안 될 상심의 요소로서 일체의 성분이 나의 본성으로 깃들어 있음을 자각하면서 자신을 사랑하십시오.

자비를 향한 기도

하심을 마친 후, 수행의 궁극목표인 자비를 얻고 그 자비가 나를 포함한 모든 존재에게도 충만해지기를 바라는 마음을 담아 「자비를 향한 기도」를 드립니다.

복을 빎

여러 사람이 함께 수행에 참여할 때는 자비를 향한 기도를 마친 후 둥글게 둘러서거나 전면을 향하여 서서 합장한 후 행복하십시오!라고 축원을 하는데, 먼저 전면을 향해 복을 빌고 이어서 좌우의 사람들을 향해 복을 빎으로 깨어있기 수행을 마칩니다.

깨어있기 수행의 점검과 보고

깨어있기 수행을 지도하는 사람은 수행자가 겪게 될 일들에 대하여 섣불리 말해주지 않습니다. 단지 수행자가 대면하게 될 인식대상에 대하여 어떻게 깨어있어야 하는지에 대한 자세와 방법을 알려줄 뿐입니다.

도로를 주행할 때는 이정표를 사용하면 되지만 수행을 하다 보면 때로는 지루함이나 곤란함에 빠져 깨어있음을 포기하는 일도 있고, 신기한 광경에 넋을 빼앗겨 수행방향을 잃어버릴 때도 있습니다. 그러므로 수행과정에서 만나게 되는 현상과 의문에 대하여 수행지도자와 면담하는 일은 올바른 깨어있음의 이치와 방법을 익히고 깨어있음의 결과를 보장받을 수 있는 중요한 과정이 됩니다.

수행지도자와 면담할 때는 다음의 양식에 따라 점검표를 작성하여 보고합니다.

수행지도자에게 보고할 때는 의사소통의 편리함, 객관화, 정확성을 위하여 용어를 통일합니다. 용어는 수행처에서 사용하는 것을 선택합니다.

깨어있음에 대한 보고순서는 좌선, 행선, 일상의 깨어있음, 자비를 향한 깨어있음의 순서로 합니다. 보고할 때는 미리 보고사항을 메모하여 효율적으로 시간을 사용하도록 합니다.

특히 수행 초보자는 말과 생각에 거품이 많이 끼어 있어서 깨어있음에 대한 보고가 관념적이거나 산만해질 수도 있는데, 가능하면 말과 생각을 압축하여 점검표의 기록에 맞추어 보고합니다.

• 좌선보고

배의 움직임 보고

배 움직임의 속도가 느린지 빠른지, 규칙적인지 불규칙적인지, 폭이 큰지 작은지, 무거운지 가벼운지 등에 대한 깨어있음의 상태와 배의 일어나고 사라지는 풍대의 특성에 대하여 잘 깨어있는지 깨어있음을 놓치게 되는지 등을 기록하여 보고합니다.

몸 보고
몸에 통증이 일어나는지, 열이 나는지, 메스꺼운지, 졸음이 오는지, 눈물이 나고 쑤시는지 등을 기록하여 보고합니다.

생각 보고
생각이 많은지 적은지, 과거의 생각이 많은지 미래의 의지가 많은지, 한 생각이 많은지 여러 생각이 많은지 등에 대한 깨어있음의 상태와, 일어난 생각에 대하여 잘 깨어있는지 놓치게 되는지 등을 기록하여 보고합니다.

• 행선보고

발 보고
발을 들 때(지대), 앞으로 나아갈 때(풍대), 내려놓을 때(지대), 발이 무거운지 축축한지(지대, 수대), 거기에 어떤 현상이 동반되어 나타나는지 등을 기록하여 보고합니다. 그리고 발을 들려고 할 때, 옮기려고 할 때, 놓으려고 할 때의 의도에 대한 깨어있음이 얼마나 섬세하고 밀착되어 있는지를 기록하여 보고합니다.

몸 보고
좌선과 동일하게 기록하여 보고합니다.

생각 보고
좌선과 동일하게 기록하여 보고합니다.

• 일상의 깨어있음 보고

식사할 때
수저를 집을 때, 음식을 집을 때, 입으로 당겨올 때, 입에 넣을 때, 수저를 입에서 빼어 내려놓을 때, 음식을 씹을 때의 깨어있음에 대하여 기록하여 보고합니다. 또한 행선에서의 발 보고 때처럼 의도에 따른 깨어있음의 상태를 기록하여 보고합니다.

생활할 때

걸을 때, 말 할 때, 아이들을 돌 볼 때, 일할 때, 물건을 살 때, 잠자리에 들 때, 그 밖의 상황에서의 깨어있음에 대하여 기록하여 보고합니다. 알아차림의 기준점이 행위의 끝에 착착 놓여지고 그에 따른 깨어있음이 분명하게 살아있는지 보고합니다.

• 자비를 향한 깨어있음 보고

사람이나 사물, 그리고 TV나 영화를 볼 때, 운동경기를 관람할 때, 마음으로부터 어떤 감정과 시선을 느끼게 되는지, 그때의 깨어있음의 상태는 어떠하였는지에 대하여 기록하여 보고합니다.

• 질문

보고가 다 끝난 다음 깨어있음과 관련된 의문이나 궁금한 점이 있으면 질문합니다. 질문은 정직해야 합니다. 오직 깨어있는 도중에 깨어있음으로 알아차림 된 것을 중심으로 질문을 합니다. 가치판단을 배제하십시오.

상상으로 지어낸 것이나 깨어있음의 일반적인 경험, 혹은 다른 참여자가 보고한 것을 모방해서는 안 됩니다. 체험은 자신에게 도달된 것에 한하여 유용합니다. 모든 존재의 존재방식이 정직한 것처럼, 깨어있음의 사람은 말하고 묻는 일에 정직해야 합니다.

수행지도자는 수행자의 질문에 대하여 수행진행은 순조로운지, 장애물에 대한 처리는 적절하게 이루어지는지, 실상에 대한 체험과 그에 대한 이해는 건강한지에 대하여 조언을 합니다.

그런 까닭에 수행점검은 수행자가 처한 상황에서의 수행방법, 태도, 과정, 단계 등, 수행전반에 대한 종합진단의 성격을 갖습니다.

깨어있음을 위한 점검표

좌선보고

- 좌선소요시간 (아침:　　분, 저녁:　　분, 합계:　　분)
① 배의 움직임 보고
② 몸 보고
③ 생각 보고

행선보고

- 행선소요시간 (아침:　　분, 저녁:　　분, 합계:　　분)
① 발 보고
② 몸 보고
③ 생각 보고

일상의 깨어있음 보고

---

① 생활 보고
② 식사 보고
③ 기타

자비를 향한 깨어있음 보고

---

① 주변의 사건이나 상황을 볼 때
② 이웃을 볼 때
③ 자연과 사물을 볼 때

질문

　　　　　　　　　　　　　이름　　　　　　/　　년　월　일

깨어있음의 장애물과 함정

아무리 수행을 열심히 하더라도 깨어있음이 더 이상 진보되지 않고 제자리를 맴돌거나 오히려 퇴보하는 경우가 있고, 특정한 현상을 경험한 것에 붙들려 샛길로 빠지는 경험을 할 때가 있습니다. 수행과정 중에 만나게 되는 장애물과 함정이 그 원인입니다. 깨어있기 수행의 장애물에는 몸의 감각으로 드러나는 고통, 망상, 관념, 깨어있음에 대한 회의 등이 해당되며, 나아가서는 신비한 들림이나 보임 현상이라든지 안도감이나 행복감으로 다가오는 정서적 상태가 함정으로 작용합니다.

그리고 수행에 어느 정도 속도가 붙게 되면 마음에 평온이 느껴진다든지 지식이 증대되는 것과 같은 내면적 성취감을 경험하게 되는데, 이런 현상들은 그 속성상 느낌이 무척 감미롭고 매력적이기 때문에 수행자는 그것에 집착

하고 즐기기 쉽습니다. 수행자가 이를 즐기거나 따라가
다 보면 일시적인 평온함에 안주하게 되어 여전히 의식
가운데 남아 있는 에고의 장난에 걸려들 수 있습니다. 이
와 같은 현상들은 실상과의 대면을 가로막는 함정으로서,
에고의 반영물에 지나지 않음을 알고 분명하게 깨어있어
야 합니다.

통증

통증은 수행에서 만나게 되는 대표적인 장애물입니다. 깨
어있음에 익숙하지 않은 사람들에게는 그들의 경험, 관념,
기억들이 오염원과 함께 고스란히 마음에 저장되어 신경
망에 무게를 드리운 채 착상하여 자라납니다.

무게를 가진 경험, 관념, 기억들이 신경망에 착상되면 신
경망의 단위면적당 질량이 증가하면서 신경망의 부피가
수축하고 굳어집니다. 그런데 깨어있기 수행으로 기억에
끼인 오염원의 무게를 줄여나가게 되면 신경망에 하중을
부과하던 힘이 녹아지고 풀어지면서 수축되고 굳어졌던
신경망이 점차 이완되는데, 이때 수축하려는 힘과 이완되
려는 힘이 서로 충돌하면서 통증이 발생합니다.

이렇게 볼 때 통증이란 수행자의 깨어있음에 저항하여 나타나는 에고의 반발작용이라고 할 수 있습니다. 외부의 자극과 영향으로부터 길들여진 몸의 세포와 신경의 흐름은 내면으로 집중된 의식에 대하여 강력한 저항으로 맞섭니다. 통증은 에고에 붙어 있는 무의식이 가세하여 수행에 대한 회의, 지루함, 졸음, 성냄 등의 심리적 현상으로 드러나기도 합니다. 수행자는 통증이 나타나면 나타나는 즉시 통증을 통증으로 알아차리고 이름붙이면서 기준점을 주시해야 합니다.

수행 도중 만나게 되는 통증은 깨어있음의 장애물로 여겨질 수도 있지만, 그동안 축적된 깨어있음의 힘을 통하여 몸과 마음에 쌓여있던 노폐물들이 해체되는 과정으로 매우 긍정적인 현상이라고 할 수 있습니다. 종이를 태우면 열이 발생하듯, 마음에 쌓인 노폐물이 깨어있음의 힘으로 녹아 해체될 때 에너지를 방출하게 되고, 이때 몸에 진동이 오거나 열이 발생되는 고통이 전달됩니다. 따라서 통증은 깨어있음의 진보를 알리는 신호로서, 더욱 깨어있음에로 집중할 수 있도록 수행자를 한 번 더 깨우는 고마운 친구로 받아들여야 합니다.

결국 지혜로운 수행자는 통증 역시 상변적 존재로서, 잠시 몸 안에 머물다 사라지는 실체가 없는 것임을 알아 어떠한 감각을 만나도 그저 저만치 놓고 바라볼 수 있는 평정한 상태에 도달하기 위하여 분발합니다.

보임·들림

수행이 진행되다 보면 몸과 마음에서 일어나는 신비한 현상을 경험하게 될 수도 있습니다. 예를 들면, 밝은 빛을 보거나 마음에 그리던 성상의 이미지가 나타나고 그 성상을 통하여 신비한 소리를 듣게 되는 경우, 그리고 넓은 공간이 드넓게 전개되면서 시각이 확장되어 보이는 경우 등입니다. 이때 수행자는 보임이나 들림 현상이 주는 신비로움 때문에 알아차림의 기준점을 놓치고 그 현상에 함몰되기 쉽습니다.

어떤 형상이 보이거나 들림 현상이 있다는 것은 마음에 저장되어 있던 기억 이미지들이 알아차림의 작용에 의하여 의식의 표면으로 떠올라와 저장된 이미지의 봉지 속에 들었던 물감이 터져 풀어지는 현상으로서, 어떠한 보임이나 들림이라 할지라도 그것은 관심을 가져 집착하거나 의미를 부여해야 할 대상이 아니라 예리하게 알아차려 녹여내야 할 깨어있음의 대상임을 유념해야 합니다.

좌선의 〈…그냥 바라보십시오〉에서 살펴본 대로, 천사가 보이든 예수님이 보이든 관세음보살님이 나타나시든 그 어떤 대상이 보이면 보임하고 이름붙여 깨어있으십시오. 은쟁반에 옥구슬 구르는 소리가 들리든 구름이 갈라지는 소리가 들리든 그 어떤 소리가 들리면 들림하면서 깨어있음으로 기준점을 향하여 돌아와야 합니다.

알아차릴 수만 있다면 보이는 현상이나 들리는 소리는 혀끝에 머물던 단 맛이 맴돌다 사라지는 것처럼 의식의 지평으로부터 점차 소멸됨을 보게 될 것입니다. 당연히 어상 이상이어야 합니다.

기쁨·평온

수행이 진행되다 보면 기쁨이나 평온상태가 찾아옵니다. 이때 경험되는 기쁨은 너무나 편안하고 감미롭기 때문에 수행자는 거기에 머물러 쉬려는 유혹에 빠져들 수 있습니다. 존재의 이치가 그러하듯, 기쁨이 즐거움의 형태로만 오지 않고 괴로움이 고통의 형태로만 오지 않음을 다시 알아차리고 기준점으로 돌아와 깨어있어야 합니다.

특히 종교적 신앙을 가진 사람들이 이 단계에 이르게 되면 마치 천계天界로부터 큰 계시를 받고 특별한 은사를 받은 것 같이 자기만족에 도취되어 기쁨에 과도하게 매몰되면서 '여기가 좋사오니'식으로 안주하면서 우쭐해지기 쉽습니다

이 단계에서 경험하는 기쁨이나 평온은 표면의식을 지배하던 거치른 망상과 감각들이 사라진 뒤 나타나는 우아한 차림의 노폐물들로서, 이는 수행자가 과거로부터 가지고 있던 종교적 관습으로부터 유래하는 성스러운 이미지로 포장된 노폐물에 해당합니다. 이 성스러움은 존재자체의 성스러움이라기보다는 고도로 발달된 에고의 생존의식에 따라 고안된 허망한 이미지로 보아야 합니다.

에고는 자아가 무너지는 마지막 순간 종교적인 성스러움으로 구별되는 그 자리에 자신을 신의 모습으로 형상화하여 똬리를 틉니다. 이 신은 신으로서의 신이 아닌 에고가 투영된 신으로서 가짜 신입니다. 에고는 자신이 살아남기 위하여 신의 모습으로 변장할 수 있을 정도로 집요하고 대담합니다.

수행자는 기쁨·평온의 단계 역시 아직 좋다고 생각되는 것을 좋아하고 싫다고 생각되는 것을 미워하면서 자신에게 익숙한 것에 집착하여 매달리려는 에고의 속성이 여전히 남아 있음을 자각하고 깨어있음에 밀착하여 더욱 집중해야 합니다.

지식의 증대

수행이 진행되다 보면 수행자는 머리와 마음이 맑아지면서 갑자기 내면의 공간이 팽창되는 것 같은 지식의 충만함을 경험하게 될 수도 있습니다. 일터에서 기발한 아이디어나 창의력을 발휘하기도 하고, 그동안 부분적이고 단절적으로 이해되었던 세계의 이치가 한 묶으로 다가오는 것을 느끼게 되면서 자신감이 생기고 만물에 대한 평등의식에 사로잡히기도 합니다. 또한 평등의식과는 반대로 특수의 그물에 걸려서 인식대상을 분석하고 구별하려는 마음이 넘쳐나기도 하는데, 온갖 대상을 향하여 의미를 부여하고 분석하고 평가하려들면서 가치판단의 늪으로 빠지기도 합니다.

수행자의 지식은 개별적 사물에 대한 관념적이거나 분석적인 알음알이를 넘어서서 존재에 대한 총체적 직관을 가능하게 하는 지식으로 무르익을 때 의미가 있습니다. 존재에 대한 총체적 직관과 연결되는 지식이란 삼성리를 체득하도록 이끄는 지혜로 피어납니다.

진실된 수행자가 갖춘 지식은 풍부한 지혜를 담고 있어서 이 지혜로 존재에 대한 실상을 아는데 실질적인 도움을 얻습니다.

수행자에게 있어서 지식이란 그 지식이 깨어있음을 통하여 자신감이 보태지고 보다 맑아진 것으로 여겨지더라도, 그것을 일상적인 차원에서 잘 갈고 닦아 사용하되 결국에는 실상을 향한 시야가 확보된 지혜에까지 성숙해야 합니다.

만족감

수행이 진행되다 보면 수행자는 만족감에 젖어들게 됩니다. 그러면서 너무나 만족스러운 나머지 나와 대상 사이의 경계를 잃어버려서 나와 너의 분간이 희미해지며 대상이 정지해 있는 듯하여 좋아하거나 싫어하는 마음이 사라지는 것을 느낄 수도 있습니다.

이때 수행자는 대상에 대한 관찰이 무뎌지면서 배나 발에 대한 알아차림을 놓치고 나른함에 묻히기 쉽습니다. 그러나 지혜로운 수행자는 몸과 마음이 나른해질수록 깨어있음의 배율을 한층 높여서 기준점을 주시하는 예리한 관찰력을 다시금 일으켜 세워야 합니다.

용광로 만큼의 거대한 불이 산천을 태우지만 머리카락 만큼의 미세한 불씨도 산천을 족히 태우고도 남습니다. 깨어있음을 모르는 사람의 마음에 자리잡은 뿌리 깊은 에고도 위험하지만 깨어있음의 과정을 거치면서 마음이 어느 정도 정화되었다고 하더라도 그 마음에 아직도 작은 불씨처럼 남아 있는 에고의 작용 역시 인간을 삽시간에 불구덩이로 빠뜨릴 수 있는 장애요소가 될 수 있음을 유념해야 합니다. 에고는 그 힘과 크기가 강력하든지 미세하든지 상관없이 에고는 에고이기 때문입니다.

봄이 되어 산이 더 가까워 보일 때, 나그네는 산에 들어 절경의 능선을 타고 계곡을 건넙니다. 그는 맞은 편 골짜기의 장엄함에 경탄하면서 아름다운 새소리와 폭포의 우람한 물소리에 즐거워합니다.

산행에서 정상까지 오르려는 사람은 도중에 만나는 풍경들을 보고 잠시 목을 축인 다음 다시 배낭을 메고 산을 오릅니다. 그러나 그쯤에서 산행을 멈추고 개울에 들어 발이나 담갔다가 해 떨어지기 전에 하산하려는 사람은 보이는 절경에 만족하여 그 이상의 산행을 생략합니다.

정상에 오르든 도중에서 도랑을 치워 가재를 잡든 하등에 문제될 것은 없습니다. 있음 그대로 즐기면 행복한 일입니다.

그러나 수행의 경우는 다릅니다. 수행이 진행되는 도중 몇몇 신비한 현상을 만나게 되었을 때 도랑 치워 가재 잡듯거기에 머물러 주저앉게 되면, 그런대로 좋은 것이 아니라깨어있음의 성과가 수포로 돌아가고 오히려 그동안 쌓아올린 수행의 결과물이 에고를 살찌우기 위한 양분으로 둔갑하여 깨어있음으로 잠시 기세가 꺾였던 에고가 수행 전보다 더 큰 기세로 준동하게 됩니다.

앞서 이야기한 대부분의 마음수련프로그램들이 가지는 한계가 바로 이 지점에서 발생합니다.

웰빙과 '100세 인생'이라는 캐치프레이즈 아래 유행하고 있는 명상이나 요가, 혹은 마음수련프로그램들이 제시하는 목표로서 집중력향상, 외모건강, 성격개조, 마음의 평화, 스트레스해소 등은 깨어있기 수행의 중간단계에서 자연히 해결되는 부수적이며 과정적인 것에 해당합니다.

위의 프로그램들에 참여하게 되면 개인의 육체적·심리적 욕구는 어느 정도 충족될 수 있습니다. 그러나 명심해야 할 것은 그 성과물에는 에고를 능히 제압하고 타파할 만한 무아의 성분이 들어있지 않은 경우가 대부분이라는 점입니다.

각각의 프로그램들은 이용자의 필요와 요구에 맞춰 운영의 시스템이 매끄럽고 내용이 실용적이지만, 그 안에는 존재의 실상에 대한 관심을 찾아볼 수 없을 뿐 아니라, 무아의식에 대한 추구가 결여된 치명적인 약점을 안고 있기 때문에 위의 프로그램들로부터 과정적인 성과물을 얻었다고 해서 그것에 만족할 수는 없습니다.

어느 날 예수님께서 제자들과 함께 산에 오르셨을 때, 그의 형상이 거룩하게 변화되었습니다. 그 광경을 함께 했던 베드로는 "선생님, 여기가 좋사오니 여기에 머물러 함께 살으시이다."라고 하면서 변화된 시공간에 계속적으로 머물러 주실 것을 간청했습니다. 그러나 예수님은 그의 간청에 아랑곳하지 않으시고 산으로부터 내려와 왁자지껄하는 성 안으로 들어가셨습니다.

예수님의 이 행적은 진보를 포기하고 과정적인 달콤함에 집착하려는 제자들의 근성없음과 고락간苦樂間에 존재하는 세상으로부터 도피하여 편안함에 파묻히려는 나약함을 경계하시는 엄중한 질책이었습니다.

정상을 향하십시오. 신발끈을 더욱 바짝 졸라매십시오. 에고의 그림자가 더 이상 뒤따라오지 못할 때까지 오르고 또 올라가야 합니다. 오르고 또 오르다 보면 과정은 과정대로, 정상은 정상대로 존재의 실상이 깃든 저마다의 의미 있는 자리였음을 그때 가서 비로소 알 수 있을 것입니다.

깨어있음과 자비

손의 오므림에서 펼침으로, 펼침에서 다시 오므림으로!

수행자가 살아가는 삶의 방식도 그렇습니다. 수행자는 오므림과 펼침과정을 통합하여 어느 한군데에 머물지 않습니다. 오므림에도 거할 줄 알고 펼침에도 망설이지 않습니다.

우리의 삶에서 오므림은 소유에 대한 오므림, 자아에 대한 오므림과 같이 태생 전부터 배워온 삶의 패턴으로 자리 잡았습니다.

그러나 수행은 삶에 있어서 오므림이란 무엇이며 펼침이란 무엇인지, 오므림과 펼침은 나에게 어떤 작용을 하며 그 작용은 나에게 어떤 유익을 가져오는지를 심층적으로 알게 해줍니다. 수행자는 자신에 대한 오므림과 존재들을 향한 펼침을 잘 활용함으로 수행의 열매를 보다 풍성하게 가꿉니다.

수행자에게 있어서 오므림은 이웃사랑을 위한 자기애自己愛로, 펼침은 이웃사랑의 실천으로서 존재를 향한 자비로 나타납니다.

수행 이전 이웃과 화해하기

방석을 깔고 앉아 좌선하기를 반복하고 또 반복해도 끝이 없어 보이는 통증과의 대결과 망상과의 싸움은 수행자를 지치게 합니다. 수행을 모른 채로 살아오던 시절로부터 쌓인 심리적 구조물이 그만큼 만만치 않은 까닭이기도 하지만, 한편으로는 좌선과 행선을 거듭하고 있음에도 불구하고 쉽게 해소할 수 없을 정도의 무겁고 둔탁한 장애물이 마음 한 구석에 놓여있기 때문이기도 합니다. 거칠고 사나운 언행으로 이웃에게 상처를 주고 난 경우가 그렇습니다.

수행자의 깨어있음이 느슨해진 틈을 타서 파고드는 갈망과 혐오로 이웃에게 상처를 입힌 일이 떠오르게 될 때, 지금·여기에서의 시급한 일이 이웃과 화해하는 일임을 마음으로부터 눈치채고 있으면서도 이웃을 만나야 한다는 일이 선뜻 내키지 않아 좌선과 행선 속으로 숨어드는 것은 마음에 대하여 절실하게 깨어있지 못한데서 나타나는 자기기만이요 나태함의 증거입니다.

이때 진실한 수행자는 좌선과 행선을 미뤄놓고 상처받은 이웃에게로 달려가는 실천적 자비를 선택해야 합니다.

우물에 물이 가득 찼어도 부엌의 물이 나오지 않는다면 파이프의 어느 부분이 파열되었거나 막혔기 때문일 것입니다. 기도나 명상만으로는 이웃과의 막힌 담이 뚫리지 않습니다. 물이 나오게 하려면 수도꼭지를 잠그고 파이프를 점검하기 위하여 망치와 스패너를 들고 밖으로 나서야 하는 것처럼, 이웃을 만나 화해해야 합니다.

깨어있음의 방편으로서의 자비

이웃을 향한 자비의 행위가 진정으로 아름다운 보시가 되기 위해서는 자비의 행위가 순수해야 합니다. 순수하지 않은 행위는 긁어 부스럼을 만들듯 오해를 키우고 고통을 가중시켜 인간관계의 파탄을 초래할 수 있습니다.

자비의 행위가 순수해지기 위하여, 행위를 하기 이전에 행위에 담긴 속성을 먼저 통찰해보십시오.

행위를 하는 주체는 나입니다. 그런데 행위를 하는 주체는 과연 나일까요? 주체라고 생각하는 그 '나'가 누구인지 자세히 들여다보았을 때, 행위를 통해서 자신을 드러내려는 의도가 엿보인다면 행위의 주체는 '나'가 아닌 '에고'가 됩니다. 일을 통해서건 이름을 통해서건 자신을 드러내고 싶어 하는 욕망이 보인다면 그 욕망의 주체는 100% 에고입니다. 이럴 경우의 행위는 그 행위를 함으로 자신이 행복해지지 못하고 에고만 부풀려집니다.

그리고 이런 행위의 속성을 알아차리지 못한 채로 행위에 행위를 더하게 되면 에고의 자기중심성에 따라 행위에 관계된 타인을 수단화하게 됩니다. 이런 현상은 종종 주변에서 '일을 하는데 추진력 있다'는 사람들이 빠지기 쉬운 함정이기도 합니다.

모든 행위가 그러하지만, 특히 이웃을 위한 자비의 행위를 하는데 있어서 깨어있음이 동반되어야 하는 이유가 여기에 있습니다. 깨어있음이 동반되어야 행위의 속성을 간파하여 행위의 주체를 에고가 아닌 나로 세울 수 있고, 진실된 나가 주체가 될 때라야 이웃을 향한 소외가 나타나지 않습니다. 어떤 일이나 행위를 하든 그것 때문에 사람을 소외시키거나 희생시킬 권리는 아무에게도 없습니다.

행위가 상처가 된다면 차라리 연자맷돌을 메고 바다에 빠지는 편이 나을지도 모릅니다.

자비의 행위를 하되, 행위에 대하여 깨어있으십시오. 깨어있으면 행위의 순수함을 유지할 수 있어서 행위에 빠져 교만하지 않고 행위에 참여한 이웃을 대상화하지 않으므로 행위의 결과로부터도 자유로울 수 있습니다.
순수한 행위만이 이웃의 상처를 치유할 수 있고 자신의 수행에도 가속도가 붙게 됩니다. 그러므로 자비는 깨어있음을 위한 훌륭한 방편이 됩니다.

깨어있음의 열매로서의 자비

잠에서 깨면 아침입니다. 어둠에 묻혔던 사물의 형상들이 제 모습으로 드러납니다. 깨어있음으로 수행을 하다 보면 잘 안 보이던 것과 제대로 분간이 되지 않던 것들을 명료하게 바라볼 수 있습니다.

제대로 보이지 않았던 것은 나입니다. 포장지에 가려지고 에고에 지배당해서 나의 참모습을 알아보지 못했던 것입니다.

나는 잘생기지도 못했고 부자도 아니며 똑똑하지도 않습니다. 그런데 이 나는 이토록 광활한 우주에 펼쳐진 무한한 존재들 가운데서 나일 수밖에 없는 유일무이한 존재임을 알아 그대로 받아들이기로 했습니다. 나보다 더 잘나 보이는 사람도 결국은 나와는 별로 다르지 않은 피와 고름으로 뒤엉킨 존재임을 알게 되어 친밀감을 느낍니다. 다같은 존재이니 공동체적 존재임을 알게 됩니다. 한 지붕에 사는 가족인 셈입니다.

다르지 않은 존재들끼리 살아가려면 싸우지 않아야 합니다. 내가 화를 내거나 상대방을 때리기라도 한다면 그가 고통스러울 것으로 알아차립니다. 그의 고통을 내가 느낄 수 있으니 나 또한 고통스러울 것입니다. 네가 고통스러우면 내가 고통스럽고 내가 고통스러우면 그 고통은 너의 것이기도 할 것입니다.

> 내 안에 보석이 있어
> 너에게로 흘러가
> 네 마음의 연꽃으로 피어난다.
> 옴 마니 파드메 훔

자비를 향한 기도문

자비의 언어와 행위는 뭇 존재의 행복을 향한 기도로 갈무리됩니다. 자비의 마음으로 존재를 드넓게 사랑하고 존재를 사랑하는 그 마음을 보다 진실되게 하기 위하여 「자비를 향한 기도문」을 외워 사용해보십시오. 자비를 향한 기도문은 어떤 기도보다도 더 구체적이며 근원적입니다.

〈깨어있음과 기도〉에서 한 번 더 살펴보겠지만, 기도는 삼라만상의 일원인 한 인간이 자신과 동일한 일체의 본성을 나눈 신을 비롯한 뭇 존재를 향하여 존중과 경외감을 내보이는 겸손된 마음의 표현입니다.

올바른 기도는 자신의 낡은 마음을 비워내고 실상의 향기가 스며들도록 마음의 문을 여는 자기비움으로서, 기도의 언어와 행위는 그 자체로 숭고합니다.

자비를 향한 기도의 자세도 마음을 향한 기원을 올릴 때와 마찬가지로 합장입니다.

자비를 향한 기도문

모든 존재가
어둠에서 밝음으로
혼돈에서 정돈으로
무지에서 지혜로
구속에서 자유로
흐림에서 맑음으로
흔들림에서 고요함으로
폭력에서 평화로
슬픔에서 기쁨으로
절망에서 희망으로
괴로움에서 즐거움으로
악행에서 선행으로
이기심에서 이타심으로…

오늘의 삶이 변하여 행복한 삶으로,
그리하여,
모든 존재의 삶속에
지극한 행복이 이루어지기를
마음모아 비옵니다.

* '모든 존재'에 자신의 이름이나 지인의 이름을 넣어 사용할 수 있음.

깨어있음이 주는 일상의 유익

깨어있음은 존재의 실상을 깨닫는 궁극적인 유익을 주기 이전에 일상생활에도 다양한 유익을 가져옵니다.

집중과 직관 그리고 창의력

수행자는 깨어있기 수행으로 집중력을 계발하였으므로 일상생활에서도 계발된 집중력이 그대로 적용됩니다. 초점을 흐리게 하는 망상이나 일의 성취에 대한 이기적 집착이 오더라도 망상과 욕망에 대한 깨어있음이 원활하게 작동되어 순수한 일념을 잃지 않고 맡겨진 과제를 처리할 수 있습니다. 따라서 공부와 업무에 효과적이고 능률이 향상되는 것은 당연합니다.

무엇보다도 수행자는 깨어있음을 통하여 오염원의 간섭을 방어하고 처리하는 자각기능을 구비하게 되었으므로 구태의연하고 패턴화된 낡은 관점으로부터 벗어납니다. 구태의연함이 사라지면 일을 밀어붙이는 도식적인 딱딱함이나 대중적인 평면성보다는 심연에서 흘러나오는 직관력에 따라 일을 유기적으로 계획하고 소화하는 창조성이 돋보이게 됩니다.

또한 수행자의 직관은 시심詩心을 자아내고 존재에 대한 공감을 확장시켜 본질을 성찰할 수 있는 유연한 감수성을 발달시킵니다. 이처럼 오염원이 개입되지 않은 생생한 시각과 풍부한 감수성은 예술성이 뛰어난 아이디어나 결과물을 생산해내는데 부족함이 없습니다.

외모와 식탐으로부터 자유함

깨어있기 수행자는 몸을 구성하고 있는 사대의 특성을 통찰할 줄 앎으로 몸에 대한 지나친 관심을 덜어낼 수 있습니다. 모든 존재가 상변 가운데 놓여있음을 깨닫게 되고, 나의 존재 역시 무아임을 체득하게 되면서 몸의 외면적인 형태에 초조해 하지 않으므로 외모에 대한 집착으로부터 자유로울 수 있습니다.

생활의 불편함을 초래하지 않는 범위에서 몸의 무게나 크기에 연연하지 않고 본질과 상관없는 이미지연출로서의 화장과 같은 꾸밈에 그다지 마음쓰지 않습니다.

수행자가 몸과 피부에 의식적인 관심을 두지 않아도 수행과정을 거치면서 실상에 근접하기 시작한 의식의 진화에 따라 생체리듬이 새롭게 배열되고 순환되기 때문에 대부분의 수행자는 뚱뚱하지도 않고 연약하지도 않으며 누가 보아도 알찬 체형과 건강한 피부를 간직하고 있습니다.

그리고 음식을 대할 때도 물질인 음식은 물질인 몸을 지탱하기 위한 '먹이'로서의 물질임을 알고 있으므로 자연히 식탐에 빠지지 않습니다. 몸과 음식에 대해서는 《깨어있음의 힘을 키우기 위한 방법》의 〈몸 관찰〉에서 설명하였습니다.

일상생활에서 깨어있음이 활성화되면 동작 뿐 아니라 의도에 이르기까지 깨어있음이 촉촉이 배어듭니다. 깨어있음이 배어든 일상은 습관화된 거친 행위를 녹여냅니다. 그리고 미처 알아차리지 못하는 가운데서 저지르게 되는 무의식적 행위를 멈추게 됨으로 부주의한 사고를 예방하고 방지합니다.

예를 들어, 가스레인지의 밸브를 잠그고 나왔는지 그렇지 않은지에 대한 초조와 불안은 가스밸브를 잠그려는 의도가 생겨나고 뒤이어 밸브를 잠그는 행위가 뒤따르는 순간, 수행자의 자각적인 행위 대신 무의식적으로 끼어든 망상에 떠밀려 가스밸브를 잠그는 동작 하나하나에 깨어있음이 적용되지 못하였기 때문에 빚어지는 일이라고 할 수 있습니다.

수행으로 계발된 깨어있음이 의도와 의도, 동작과 동작마다 촘촘하게 이어지면 가스밸브를 열어놓고 외출하거나 접시를 떨어뜨려 깨뜨리는 일과 같은 생활의 부주의와 실수를 멈출 수 있습니다.

깨어있음의 지혜는 스폰지의 물처럼 일상으로 스며들어 생활을 건강하고 윤택하게 변화시킵니다. 깨어있음의 지혜는 기운생동氣韻生動하여 수행자의 몸과 마음의 긴장을 이완시키고, 남아있는 긴장의 잔뿌리까지 말끔히 솎아냅니다. 이는 수행이 어느 정도 진행되면 스스로 느끼기에 충분한 경험입니다.

긴장이완과 해소는 스트레스나 질병의 위험으로부터 우리의 몸과 마음을 보호합니다. 실상을 안 사람의 마음에는 밧줄을 뱀으로 착각하지 않듯, 도깨비와 같은 허상이 뒤집어씌워짐으로 발생되는 스트레스가 달라붙지 못합니다. 수행을 한다면서 여전히 크고 작은 스트레스에 시달리는 사람이 있다면 그 사람은 아직도 망상의 포로가 된 사람으로서, 수행의 껍질을 벗기지도 못한 단계이거나 잘못된 수행의 궤도로 들어선 것임에 틀림없습니다.

또한 임상적 차원에서, 수행경험이 있는 사람의 뇌파를 분석한 결과를 보면 뇌신경세포의 신경전달물질인 도파민의 분비가 상대적으로 증가된 것으로 보고되었는데, 도파민이 분비됨으로 뇌와 신경조직의 전달체계가 활성화되어 질병인자의 증식을 억제하는 효과가 나타났다고 합니다. 현재 도파민은 신경퇴행성질환으로서 치매의 일종인 파킨슨병을 치료하는데 유용한 성분으로 사용되고 있습니다.

관계의 원만함

깨어있기 수행자는 몸과 마음에 출몰하는 현상들을 반응 없이 알아차릴 수 있으므로, 화를 내거나 욕심을 부리게 될 때에도 화나 욕심이 드러나는 의도와 현상을 객관화하여 바라볼 줄 압니다.

상황을 객관화하여 바라보면 상황과 나를 동일시하는 오류로부터 벗어나게 되고, 화를 내거나 욕심을 부리는 일은 단지 마음의 들판에서 불현듯 다가오는 바람에 불리는 나뭇잎의 움직임 정도로 가볍게 여길 수 있으므로 얼굴을 붉혀야 하는 상황에 구속당하지 않습니다.

이처럼 깨어있기 수행자는 마음을 불편하게 만드는 감정들을 컨트롤 하는 능력을 얻게 되는 만큼 상대방에 대한 배려와 이해심은 더욱 깊어집니다. 정제되지 못한 격한 감정들이 완화되면 될수록 상대방에 대한 긍휼심이 증가하여 '지금 저 친구가 짜증을 내고 있구나, 요즘 직장일이 꼬여서 그럴 꺼야, 오죽하면 저렇게 반응할까, 그렇지만 곧 다 잘 되겠지.'하면서 친밀한 마음으로 상대방에게 다가설 수 있습니다.

상대방을 배려하고 이해하는 위의 방법을 깨어있음의 시각에서 활용해본다면, 상대방의 반응을 반응 없는 평정심으로 보기 위하여 …구나하면서 상황을 객관화하여 바라봅니다. 그리고 상대방에 대한 이해의 마음과 긍휼심을 담아 …꺼야하면서 이렇게 나타날 수밖에 없는 사실을 사실 그대로 수용합니다. 이와 아울러 어떤 상황이 벌어졌든지 결국은 상변할 수밖에 없는 현상임을 알아차려서 잘 해결될 것으로 희망하는 마음을 담아 …겠지하면서 곤고한 처지에 놓인 상대방에게 자비심을 불어넣어 응원할 수 있습니다.

마음으로 나를 만나기

깨어있음과 마음

마음을 깨우는 여행은 성지순례와 같습니다. 일체의 자리에서 발원하는 근원적 본성이 마음에 서려 있으므로 우리의 마음이야말로 성지입니다. 몇 해 전 나는 부처님의 탄생성지인 룸비니를 들른 적이 있었습니다. 세계 각국에서 온 수많은 순례자들이 이곳을 찾아 몸으로 나투신 거룩한 분께 경배하고 있었습니다.

마음여행의 목적지는 마음에 둡니다. 그러므로 마음을 잘 보면 그 여행은 성공이고 다른 곳은 다 들러도 마음을 지나치거나 마음을 보되 겉핥기로 보아버리면 그 여행은 그야말로 말짱 헛것이 되고 맙니다.
맑은 냇가에서 물을 마시던 당나귀는 마음에 비친 자신이 당나귀가 아니라 사자였음을 깨닫게 되기도 했습니다. 의식을 집중하여 마음을 잘 들여다보면 거기에서 내가 그토록 만나려고 했던 나의 모습을 마주 대하는 감격을 맛볼 수 있습니다. 마음에서, 마음으로, 마음을 통하여 나를 만나게 되는 것입니다.

자각의식의 발견

마음이 대상을 향하여 반응하거나 행위를 일으킬 때 마음에는 작용이 일어납니다. 마음작용은 의식意識에 기반합니다. 아침에 일어나 하루를 계획하고 은행에 들러 송금하고 부엌에서 음식을 요리하는 일상의 일은 일상의식에 따라 진행됩니다. 일상의식은 생존에 그 초점이 맞추어져 있습니다.

어림잡아 인류가 도구를 제작하여 사냥을 시작하던 260만 년 전부터 인류의 의식 속에는 나를 외부의 적으로부터 보호하고 지켜내기 위한 소극적 방어와 적극적인 공격의 행태가 생존의 매뉴얼로 각인되었습니다. 나를 향한 보호와 방어, 그리고 먹이를 확보하기 위하여 가차없는 공격을 일삼는 생존방식은 인간의 사유구조를 나와 너, 이것과 저것으로 나누어보려는 이분법과 분별의식으로 고착되었습니다. 이 같은 고대인류의 의식구조는 그들이 만든 세계관의 정당성을 보증해 주는 종교로 틀이 굳어졌습니다. 참으로 원시적이고 마법적인 풍경이었습니다. 그로부터 인류는 무지하고도 냉혹한 상쟁相爭의 터널을 지나면서 이기적인 승리와 소유의 획득에 사로잡힌 시간을 살아왔습니다.

운명적으로 주어진 어둠의 긴 터널을 살아야 했던 인류 중, 몇몇 사람들은 최소한의 음식을 섭취한 다음 조용한 들판으로 나아갔습니다. 말을 달려 전쟁을 하거나 밀을 베어 타작하는 일을 접어두고, 알 것을 알고 볼 것을 보기 위하여 오로지 마음에 집중하여 앉아있었습니다.
이때, 바람이 불어 낙엽이 미간을 스치듯, 홀연히 한 '느낌'을 마주하게 되었습니다. 이 느낌은 참으로 신묘한 것이기도 했지만, 한편으론 신묘함을 넘어서는 것으로서 아무런 티끌도 묻지 않은 지극히 상식적인 것이기도 했습니다. 이 느낌 안에는 세계의 비밀을 풀 수 있는 영롱한 구슬이 박혀 있었습니다. 구슬은 상변·무아·일체의 세 차원의 빛깔을 띠었는데, 자세히 보면 한 개의 실체이기도 했습니다. 구슬을 굴리면 굴릴수록 세계는 그의 가면을 벗고 있는 그대로의 모습으로 자기를 드러내었습니다.
이 느낌을 경험한 사람들은 구슬이 내는 빛을 따라 존재의 실상을 투과할 수 있는 자각의식의 눈으로 세계를 바라보기 시작했습니다. 우리는 이들을 지혜자라고 부릅니다.

지혜자들은, 하루 해가 지고 밤이 되었을 때, 밝음이 가고 어둠이 오며 그 어둠을 지배하는 달이 차고 기울듯 모든 존재는 바뀌고 변화할 수밖에 없는 존재임을 알았습니다. 그렇게 변화하는 세계 속에서 나와 너를 나누는 주체인 나의 존재도 너와 동떨어진 고정적인 개체로 존재하지 않으며, 너라고 여겨지던 타자의 존재 역시 고정성이 없는 변화의 바다에서 나와 한 맛의 본성을 공유하는 나의 또 다른 존재임을 분명히 보았습니다. 그리고 나를 나라고 생각하는 이것과 너로 생각되던 저것의 분리와 차별이 본래 성립하지 않음도 보았습니다.

이윽고, 내가 있음으로 네가 존재하고 이것이 존재함으로 저것이 의존적으로 존재하고 있음을, 의존적인 존재는 원인과 결과의 조합으로 이루어져 있음을, 그렇게 이루어진 관계도 이내 이별을 부르는 고통의 씨가 될 것임을, 그러나 곧이어 만남과 헤어짐 이전의 근본자리에서 일체의 한 몸으로 만나게 될 것임을 깨달았습니다.

바야흐로 인류는 내가 누구이고 존재가 무엇인지에 대한

눈뜸으로 길고 어두웠던 원시·마법적 역사를 단박에 끝내고 이미 꽉 차게 아름다운 모습으로 존재하던 세계의 실상을 바라보게 되었습니다.

마음의 창을 열어 우주를 품다

존재의 실상을 깨달은 지혜자들은 마음이야말로 우주의 근본임을 확증하였습니다. 마음 안에 우주를 구성하는 수많은 입자들만큼이나 다양한 느낌과 감정이 있고, 그 마음 안에 사랑과 미움, 인간과 신, 마귀와 천사가 공존함을 보았습니다.

마음이야말로 나에게로 내면화한 우주의 자리입니다. 우리는 깨어있음으로 에고의 속박에서 벗어나 마음의 창을 열어 놓은 만큼 우주를 알게 됩니다. 깨어있음으로 마음의 창이 열려진 사람은 밤하늘에 빛나는 별을 볼 때 검고도 영롱한 하늘의 구멍으로 인식합니다. 그 구멍 너머로 광활한 우주가 끝없이 장엄하게 확장되어 나갑니다. 하늘 구멍 너머로 확장되어 나가는 우주는 우리의 마음과 단절 없이 연결됩니다.

깨어있기 수행자가 마음에 관심을 두었을 때 자신의 마음에도 밤하늘의 별처럼 검고도 영롱한 마음구멍이 있음을 알게 됩니다. 그 구멍은 하늘구멍을 통하여 보았던 우주를 강력하게 빨아들이는 흡입력을 가지고 있음을 직관합니다. 수행자가 마음구멍을 응시할 때 별구멍 너머에 존재하던 삼라만상의 세계가 마음을 응시하는 주체에게로 순식간에 빨려들어오는 것을 봅니다.

수행자는 시간과 공간이 채 닿을 수 없이 멀고 넓게 존재하는 우주가 렌즈의 초점보다 더 작기도 하고 가늘기도 한 인간의 내면으로 꽃잎이 포개지듯 내려앉는 것을 봅니다. 깨어있는 사람은 마음의 창을 열어 온 우주를 또 하나의 나로 품어 안습니다.

마음채움·마음비움

마음의 기능을 다룰 때 살펴보겠지만, 감각기관을 통하여 마음에 입력되는 데이터는 이미 마음공간에 저장되어 있는 기억이미지와 에고의 주성분인 욕망·증오·무지의 오염원이 서로 결합하면서 가치판단의 세포분열을 겪게 됩니다. 이 때 하나의 객관적인 존재에 덧붙여지는 해석과 판단에 의하여 망상이 폭발적으로 증가합니다. 이 순간이 존재에 대한 거품이 끼는 시점으로서, 이런 마음상태를 일컬어 '마음채움' 현상이라고 합니다.

또한 마음공간에 존재가 반영되는 순간 깨어있게 되면 데이터가 더 이상 가치판단으로 인한 세포분열을 하지 않고 무게와 양을 증가시키지 않습니다. 이런 마음의 상태를 '마음비움' 현상이라고 합니다.

특수물질로서의 마음

수력발전소의 발전기가 작동하면 물이라는 '물질'을 원료로 전기가 발생됩니다. 마음은 뇌의 신경조직에서 비롯되는 신경전달물질의 작용으로 발생합니다. 발전소와 발전기, 그리고 물은 일정한 형상과 무게와 위치를 갖는 물질이지만, 전기는 일정한 형상이나 무게, 위치로부터 벗어난 에너지 상태로 존재합니다.

마찬가지로 인간의 육체와 뇌, 그 중에서도 신경전달물질은 물질이지만 그로부터 발생되는 마음은 일반물질이 아닌 또 다른 상태로서 모종의 특수한 물질로 볼 수 있습니다. 특수물질인 마음은 시대의 특성처럼 육안으로 보거나 만질 수 없는 하나의 상태요 상황이며 일종의 다이나믹한 과정으로 기운생동하는 에너지의 모습을 띠는데, 빛의 에너지가 파동과 입자를 가진 특수물질로 존재하듯, 마음 역시 특수한 질량과 기능을 가지고 존재합니다.

마음은 물질인 뇌(몸)로부터 나옵니다. 그러나 일단 몸에서 생성된 마음은 몸을 지배합니다. 발전소로부터 나온 전기가 다시 발전소를 움직이는 경우와 같습니다.

마음을 구성하는 에너지는 의식으로 드러납니다. 의식은 마음공간 안에 저장되어 있던 기억이미지들과 현재의 감각기관을 통해 들어오는 외부의 정보들을 결합하여 '나'에 대한 자의식을 만들어냅니다.

따라서 의식을 중심으로 작용하는 마음은 보이거나 만져지지 않는 제3의 감각기관으로 볼 수 있습니다. 그런 관점에서 우리 몸의 감각기관은 흔히 말해지는 오감五感(눈·귀·코·혀·피부)이라기보다는 의식을 포함한 육감六感으로 구성되어 있다고 해야 옳을 것입니다.

바둑판에는 흑백의 돌들이 놓여져 있습니다. 우리의 마음에도 긍정적인 인자들과 부정적인 인자들이 서로 뒤섞여 있습니다. 긍정적인 인자는 기쁨, 가벼움, 이타심, 용기 등이며, 부정적인 인자는 욕망, 이기심, 나태, 증오, 집착, 원망, 서운함 등입니다. 긍정적인 인자들이 우세하면 행복하지만, 부정적인 인자들이 기승을 부리게 되면 몸까지 망가지면서 병이 나고 삶이 불행으로 빠져들게 됩니다. 부정적인 인자들은 부정적인 인자를 증식시키기도 하지만, 긍정적인 인자들을 잠식하여 마음밭을 고통이 가득 찬 황폐한 가시밭으로 만들어버립니다.

마음의 인자를 말하면서 '긍정적', '부정적'으로 나누는 것은 마음의 구조를 설명하기 위한 어쩔 수 없는 선택임을 기억하십시오. 긍정적이거나 부정적인 것은 실체가 없는 말입니다. 일상에서는 긍정적, 부정적인 기준이 통용되지만, 수행의 자리에서는 이 구분을 넘어서서 실상을 보아야 합니다.

마음의 부정적인 인자들을 일컬어 마음오염원이라고 합니다. 대표적인 마음오염원은 에고가 발산하는 욕망·증오·

무지의 세 인자입니다. 마음오염원은 의식에 육신이 엉겨 붙어 몸이 형성되기 이전의 단계에서부터 비롯됩니다. 그리고 몸을 가지고 출생한 후 일상에 매몰되어 살아갈 때, 깨어있는 힘이 활성화되지 못했을 시절 마음에 입력되는 데이터에서 발생합니다. 발생한 오염원은 마음에 존재하는 기억이미지에 착상되고, 새로 입력되는 데이터와 마음 안에 있던 기억이미지가 결합하여 가공될 때 빛의 속도보다 더 빠르게 개입하여 오염된 데이터들을 양산함으로 마음에 고통과 무게를 드리웁니다.

마음오염원은 식품첨가제로 사용되는 MSG와 그 성분이 같습니다. MSG가 신경조직에 흡수되면 신경세포막이 파괴됩니다. 마음오염원은 마음의 행복을 파괴하는 유해한 인자로 작용합니다.
MSG를 수행의 관점에서 이해한다면,

M : 마음을,
S : 성가시게 하는,
G : 지랄 같은 인자라고 할 수 있습니다.

좌선을 설명할 때 지금·여기의 중요성을 이미 강조한 바 있습니다. 마음은 과거에 매이거나 미래에 저당 잡히지 않은 유일무이한 지금·여기의 좌표 위에 점멸하듯 존재합니다. 마음을 시간으로 표현하면 '지금'이고 공간으로 표현하면 '여기'입니다.

에고에 지배되는 보통사람들은 에고가 피워내는 시간에 무의식적으로 포섭되어 과거에 매이고 미래에 끄달리면서 실재의 시간이 아닌 심리적 시간을 소비합니다. 이들은 숨을 쉬되 지금·여기에 일어났다 사라지는 호흡을 대면하지 못하고 마치 호흡은행에 저축해 놓은 과거의 숨이나 미래의 숨을 가져다가 호흡하는 듯한 착각을 가지고 살아갑니다.

지금·여기에 온전히 깨어있지 못하고 과거나 미래에 구속된 삶을 살게 되면 그 삶은 관념적인 차원에 붙잡히게 되어 존재를 존재자체로 바라보는 사실판단을 할 수 없습니다.

사이버공간으로서의 마음

뇌로부터 발생되는 마음은 지금·여기에서 공간의 형태로 존재합니다. 그 공간은 마치 공기위에 떠다니는 둥글고 투명한 비눗방울과 같습니다. 투명한 방울 속에도 공간이 존재합니다. 방울이 터지면 방울의 한계 안에 존재하던 둥근 공간은 허공과 하나가 됩니다.

마음과 우주공간 사이에는 경계가 없습니다. 경계를 가지지 않으므로 공간이 성립됩니다.

마음은 공간이되 가상적 공간으로서 사이버Cyber공간입니다. 사이버공간인 마음에는 물리적으로 일정한 면적과 부피가 없습니다. 컴퓨터의 사이버공간에 전원이 공급되는 한 면적과 부피에 한계나 경계를 갖지 않습니다. 마음공간도 뇌로부터 공급되는 생체흐름이 단절되지 않는 한 그 넓이와 한계에는 끝이 없습니다. 무시무종이며 무소부재입니다.

마음은 사이버공간을 화폭으로 삼아 유능한 화가처럼 마음의 이미지를 따라 그림을 그립니다. 묘사의 모티브가 가치판단인가 사실판단인가, 아니면 실재판단을 바탕으로 한 것인가에 따라 그림의 가치가 천양지차로 달라집니다.

마음공간에 사물은 이미지로 존재합니다. 방안에 꽃이 꽂혀 있을 때 그 꽃은 실제의 꽃으로 존재합니다. 그러나 마음공간에서의 꽃은 꽃의 이미지로 존재합니다.

마음이라는 사이버공간에 사물이 이미지로 존재하는 것은 육감을 통과한 결과입니다. 눈은 형상의 이미지를, 귀는 소리의 이미지를, 코는 냄새의 이미지를, 혀는 맛의 이미지를, 피부는 촉감의 이미지를 들여오고, 의식은 마음에 저장된 기억을 끌어내어 새로 들여오는 데이터들과 결합시킵니다.

이때 감각기관은 의식의 작용과 결부되면서 각각 안식眼識 이식耳識 비식鼻識 설식舌識 신식身識으로 기능하며, 마음공간에 존재하는 이미지는 마음의 오염상태에 따라 청탁清濁의 정도가 달라집니다.

마음과 에너지

몸과 마찬가지로 마음도 자체 에너지를 가지고 태어납니다. 마음에너지는 의식의 형태로 존재합니다. 의식은 사이버공간 속에서 보이지 않는 모습으로 작용하고 끊임없이 스스로 운동을 하면서 자가발전을 합니다. 또한 마음은 그 중심부에 기억이미지와 마음오염원 인자들을 포함하고 있으면서 감각기관을 통하여 입력되는 외부의 대상들과 끊임없는 교섭을 하도록 작동됩니다.

마음에너지는 사람의 선천적 기질이나 후천적인 학습경험, 그리고 자연환경이나 사회환경에 따라 그 질과 수준이 다르게 나타납니다. 어떤 질과 수준에 해당하는 마음이든지 수행으로 통제되지 못한 마음은 그 안에 저장된 기억이미지와 오염원의 끝없는 결합작용으로 노폐물을 증가시켜 무거운 하중으로 고통 당하지만, 깨어있음이 동반된 마음의 에너지는 존재의 실상을 직관할 수 있는 청정연료로 사용됩니다.

마음과 스트레스

채워진 마음은 오염원으로부터 발생하는 거품 때문에 투명한 시야가 확보되지 못하여 맑은 지혜를 얻을 수 없음으로 노폐물이 증가하면서 무게가 가중됩니다. 또한 채워진 마음은 외부의 인식대상을 향하여 끊임없이 기웃거리려는 에고의 원심성으로 마음의 에너지를 소모합니다. 이때 마음은 부과되는 하중을 견디고 소모되는 에너지를 보충하기 위하여 과도한 힘을 사용할 수밖에 없습니다. 그래도 힘이 모자랄 경우 간이나 위장과 같은 이웃 장기들로부터 힘을 빌려오게 됩니다.

평정심을 잃어 외부의 힘에 반응하면서 과부하가 걸리는 마음의 상태를 스트레스라고 합니다. 마음에 스트레스가 쌓이면 마음은 지치고 무기력해집니다. 그리고 마음이 힘들 때 다른 장기들에 질병이 생기는 경우를 자주 보게 되는데, 그 이유는 장기들이 제 몫으로 사용해야 할 고유한 에너지를 마음으로 빼앗겼기 때문입니다.

스트레스는 고통입니다. 고통을 피하고 고통이 주는 악순환의 고리를 끊기 위하여 깨어있음으로 평정심을 확보해야 합니다. 불필요한 마음작용을 최소화하고 마음에너지를 적게 사용하면서 편안하고 상쾌한 삶을 살아야 합니다. 수행자는 수행이 무르익을수록 스트레스의 영향을 적게 받습니다.

마음을 다루려면 몸을 보라

스크린에 비쳐지는 손가락의 모양을 조정하려면 스크린에 관심을 두지 말고 그림자의 출발점인 손가락을 보아야 합니다. 마음을 보기 위해서는 마음에 상을 드리우는 몸을 먼저 보아야 합니다.

깨어있기 수행을 하면서 마음을 이해하려고 하지만, 마음은 호락호락하게 자신을 내보이지 않습니다. 마음을 알기 위해서는 몸을 거쳐 가는 것이 수월합니다. 몸에는 감각이 일어나고 마음에는 수많은 현상들이 출몰하는데, 몸에서 드러나는 감각들은 뿌리의 깊이가 얕고 자극이 분명하지만 마음의 현상들은 자극이 미세하고 뿌리가 깊어서 몸보다는 알아차리기가 어렵습니다.

몸을 몸으로 느끼게 되는 것은 감각을 통해서입니다. 몸에 드러나는 감각은 사대의 생멸로 체감됩니다. 깨어있기 수행에서 아랫배의 일어남·사라짐에 기준점을 두는 것은 몸에서 일어나는 감각 중에서 가장 알아차리기 쉽고, 그 알아차림으로 마음의 현상까지 짚어낼 수 있는 지혜를 터득할 수 있기 때문입니다.

감각은 마음을 불러냅니다. 잔잔한 호수에 돌을 던지면 파문이 일어나는 것처럼, 감각은 마음에 파문을 일으켜 마음의 작용을 촉발시킵니다. 감각은 몸을 홈그라운드로 삼아 활동하면서 잠자는 마음을 깨웁니다.

마음에서 일어나는 대표적인 현상은 의식의 활동입니다. 의식은 감각이 말을 걸어오면 감각을 감각으로 아는 역할을 합니다. 의식이 없이는 감각을 감각으로 알아차릴 수 없습니다. 감각을 감각으로 알아차리는 의식은 마음을 홈그라운드로 사용합니다.

감각은 의식을 불러오고 의식은 감각의 존재를 알게 하고 감각에 느낌과 이미지를 부여합니다.

감각과 의식은 서로를 알아차리게 하는 상보적인 기능을 하지만, 체감하기 쉬운 감각에 대한 깨어있음에 중점을 두면서 미세하고 심층적인 마음을 향한 깨어있음으로 나아가게 됩니다. 따라서 마음을 보려면 의식으로 연결되는 몸의 감각을 먼저 주시해야 합니다.

물질의 몸에서 정신의 마음은 가능한가

일상적으로 느끼는 감각덩어리인 육체상태가 공간, 그것도 가상공간이라는 비감각적인 마음상태로 바뀌는 변화의 이치에 대해서 좀 더 들여다보겠습니다.

우선 변화란 존재가 스스로 자신을 전개하는 기본 원리임을 삼성리를 통하여 살펴보았으므로 생략하고, 물질(몸)이 변해서 물질이 아닌 특수물질 내지는 비물질(마음)이 되는 현상은 물질과 비물질의 경계가 본래 성립하지 않음을 깨어있음으로 체득해야 그 결과가 가장 적확的確합니다.

여기서는 깨어있음으로 얻게 되는 결과인 물질과 비물질의 경계없음을 과학적으로 증명하려는 의도에서 양자역학의 이론을 들어보겠습니다.

양자역학에서는 물질과 비물질의 경계가 존재하지 않음을 실험을 통하여 이미 결론을 내렸다는 사실에 먼저 주목할 필요가 있습니다. 양자물리학자들의 결론은 물질과 비물질의 경계는 존재하지 않을 뿐 아니라 존재의 본질은 물질과 비물질을 넘어서는 것으로서 이른바 영적인 차원에서 말해질 수 있는 순수의식에 해당하는 것임을 조심스럽게 밝히기까지 하였습니다.

양자역학에 의하면 인간의 물질에 대한 이해는 물질의 기본 구성요소인 분자 알갱이보다 더 미시적인 세계로의 접근이 가능한데, 분자에서 원자의 세계로, 다시 아원자의 세계로, 거기서 더 깊이 나아간다면 물질 이전의 세계에까지 접근할 수 있다고 합니다. 아원자의 단계에까지 접근하게 되면 더 이상의 물질적인 알갱이가 아닌, 마치 공기 속으로 열이 흐르고 빛이 흐르는 현상으로서 일종의 에너지 흐름만 감지된다고 하는데, 이 에너지의 흐름조차도 '있다'는 것도 아니고 그렇다고 '있지 않다'는 것도 아니어서, 일상적 3차원에 갇힐 수 없는 전혀 낯선 새로운 존재의 양상으로 나타난다고 합니다. 이와 같은 있다거나 혹은 있지 않다는 분별의 차원을 넘어서 존재하는 존재의 경이로움을 동양의 언어를 빌린다면 묘유妙有라고 할 수 있습니다.

묘유의 상태에서는 뉴턴의 고전역학에서 통용되던 합리적인 법칙도 적용되지 않고, 시공간의 원리도 사라진 채로 오직 가능성과 확률만 존재합니다. 뿐만 아니라 그곳에는 일정한 공간도 없고, 거리도 없으며, 일정한 위치 위에 존재하는 알갱이도 없는 암흑의 어둠 같은 자리가 드러나는데, 거기에서는 물질이라고는 할 수 없는 새로운 차원의 정신적 율동과도 같은 흐릿한 흐름으로서의 파동, 마치 인간의 깊은 의식과도 흡사한 미지의 흐름이 감지된다고 합니다.
이런 정신적인 흐름으로서의 파동은 예측 가능한 상태로서 저 앞에서 움직이는 것으로 보여지는 물질적인 요소는 이미 아니며, 그것은 고정적일 수 없는 변화의 회오리를 불러일으키고 있는 현재진행형의 '사건'으로서, 내가 책상을 보고 있다면 나라는 '사건'이 책상이라는 '사건'에 참여하는 신비로 받아들이게 된다고 설명합니다. 그렇다면 관찰자인 나는 책상이라는 대상을 따로 떨어진 분별적 시각에서 인식하지 않고, 나와 책상 서로가 심층적인 차원에서 일체의 만남을 경험하게 되는 것으로 볼 수 있습니다.

따라서 과학자들의 설명처럼, 과학적 접근을 통하여 아원자의 수준까지 내려가게 되면 거기서부터는 고전역학적 사고를 통한 앎이 불가능해지고 대상을 대상으로 보지 않고 관찰자와 동일한 주체로 인식하려는 공감의식이 동반된 고차원적인 의식으로서의 순수의식, 혹은 종교적인 영성이 필요해진다고 합니다. 과학자들의 이와 같은 설명은 과학적 기술記述이라기보다는 종교적 고백에 가까운 것으로 느껴지기도 합니다.

이렇게 볼 때 깨어있음의 경험적 차원에서나 물리학의 연구에 의해서도 물질과 비물질로 나누어보려는 시도는 이미 근원적으로 무의미하다고 할 수 있습니다. 오직 일상의 영역에서만 물질과 비물질을 편의상 구분하여 쓰는 정도라고 해야 옳을 것입니다.

마음의 기능

깨어있음은 생존의식에 묶인 인간을 자각의식의 주인으로
차원변화시킵니다. 그 변화의 계기는 마음의 기능과 작동
과정이 수행이전과 달라진 데서 찾을 수 있습니다. 마음의
일반적 기능은 무엇인지, 깨어있음으로 달라진 자각기능
은 어떤 역할과 의미를 가지는지 살펴보겠습니다.

마음의 인식기능·반영기능

감각기관이 외부의 대상을 마음으로 들여오는 순간, 마음
은 그 대상을 형상과 이름을 가진 특정한 사물로 인식합니
다. 이 기능을 마음의 인식기능이라고 합니다.

인식된 사물은 이미지의 형태로 마음공간에 비춰집니다.
마음에 사물이 이미지로 비춰지는 현상은 거울에 상이 맺

혀지는 과정과 흡사하다고 하여 이를 마음의 반영기능이라고 합니다.

인식기능과 반영기능에서는 마음이 사물을 접할 때 '…구나!'정도의 앎으로 사물을 대합니다. 예를 들면, 감각기관인 눈이 장미꽃을 들여오면 '꽃이구나!'로 반응하여 인식하는 단계입니다.
인식기능과 반영기능, 혹은 반영기능과 인식기능이 작동하는 것은 동시적 사건으로 볼 수 있는데, 마음에 자리잡은 기억이미지의 성향이나 대상에 대한 갈망과 혐오의 농도에 따라 두 기능이 발생하는 선후先後가 달라 보이게 됩니다.

감각기관의 하나인 눈이 사물을 들여오면서 인식기능을 수행하게 될 때, 눈은 의식의 간섭을 받은 상태로서 안식眼識으로 기능합니다. 안식이란 눈은 눈이되, 사물을 들여오는 통로로서의 도구를 넘어서는 눈, 즉 의식작용이 결부된 눈으로서 '마음을 가진 눈'을 의미합니다.
다른 감각기관들도 마찬가지로 이식, 비식, 설식, 신식으로 기능합니다.

깨어있기 수행자가 마음을 공부하면서 특히 염두에 두어야 할 부분은 마음의 가공기능과 저장기능입니다.

마음의 가공기능은 감각기관을 통하여 입력된 데이터들이 마음에 자리잡고 있는 기억이미지와 그 이미지에 달라붙어 있는 오염원들과 결합하면서 독특한 형태의 이미지로 재구성되는 과정을 말합니다.

마음의 가공기능에서 사물을 인식하는 단계는 인식기능과 반영기능에서의 '…구나!' 정도를 넘어서서 '…구나, 그런데 …이다!'로 인식하여 받아들입니다.

예를 들어 감각기관인 눈이 장미꽃을 들여오면, '꽃이구나, 그런데 저 꽃은 너무 붉은 색이라서 내가 싫어하는 꽃이다!'라고 인식하는데, 마음에 새롭게 입력되는 데이터(장미)와 마음공간에 존재하는 기억이미지(붉은 색에 대한 편견)가 결합하여 입력되는 존재자체(장미)를 가치판단(붉은 색이 싫으니 저 꽃 또한 싫다)으로 뒤틀어서 가공하게 됩니다.

마음공간에 새롭게 입력되는 데이터와 마음에 자리잡고 있던 기억이미지들이 결합하여 가공과정이 시작될 때 기억이미지에 착상되었던 욕망·증오·무지의 세 마음오염원이 개입됩니다. 이때 마음오염원의 점성과 밀도에 따라 마음에 들어온 이미지가 굴절되거나 그 무게가 부풀려지는 정도가 달라지고, 그로부터 마음에 부과되는 노폐물의 양과 고통지수도 차이가 나게 됩니다.

깨어있음으로 정화되지 않은 사람의 마음에는 욕망·증오·무지의 세 인자가 매우 활성화되는데, 각각의 오염원은 마음에 들어온 이미지에 작용하여 분열·증식·팽창을 거듭하면서 더욱 고약한 노폐물로 부패하여 마음창고에 저장됩니다.

가공과정에서 산출되는 가공의 수준은 마음공간에 입력되는 데이터와 마음공간에 존재하는 기억이미지가 어느 수준에서 결합하느냐에 따라 달라집니다. 가공수준이 높은 것일수록 사실판단에 가깝게 인식하여 마음에 하중을 드리우지 않고, 가공수준이 저급한 것일수록 가치판단으로 기울어져서 마음에 심각한 하중을 초래하게 됩니다.

가공수준의 기준은 삼성리에 입각한 깨어있음의 힘에 따라 결정됩니다.

가공기능을 완료한 마음은 가공기능에서 만들어진 인식의 배설물인 '…구나, 그런데 …이다!'를 수집하여 마음의 파일에 분류하여 쌓아 놓는 저장기능으로 이어집니다.

마음의 파일은 마음오염원의 특성에 따라 세 종류로 나뉘어집니다. 하나는 욕망이 지배하는 파일로서 좋다고 생각되는 것을 저장하는 파일이며, 다른 하나는 증오가 지배하는 파일로서 싫다고 생각되는 것을 저장하는 파일, 나머지 하나는 무지가 지배하는 파일로서 좋지도 않고 싫지도 않은 것을 저장하는 파일입니다.

각 파일은 개인이 살아오면서 쌓아온 삶의 흔적과 관습, 그리고 수많은 기억에 의하여 농축된 기억이미지들을 기준으로 삼아 분류·저장됩니다.

자신의 삶의 흔적에 비추어 좋은 것으로 생각되는 것은 좋게 생각되는 것으로 재가공되어 저장되고, 싫은 것이면 더욱 싫은 것으로 재가공되어 저장됩니다. 좋은 것은 더 많이 보아야 하고, 더 많이 가져야 하고, 더 많이 누려야 한다는 무한대의 욕망으로 확장되어 마음의 무게를 무겁게 하고, 이와 동시에 싫은 것에 대하여 거부하고 밀어내려는 증오의 사이클이 병행되면서 마음의 피곤함은 기하급수적으로 늘어납니다. 또한 무지에 따라 좋지도 않고 싫지도 않은 것으로 분류된 자료들은 자신과 세계를 바라봄에 있어서 어떠한 관심도 나타내지 않으려는 무관심과 무자비로 자신을 제약하고 가두게 됩니다.

이와 같은 마음의 가공기능과 저장기능은 에고의 대표적인 기능이라고 할 수 있습니다. 이때 하나의 오염원이 다른 한 이미지에 작용하여 분열·증식·팽창시키는 속도는 빛의 속도보다 빠르며 그 힘은 원자탄의 위력을 능가할 정도로 파괴적이며 강력합니다.

깨어있기 수행자의 마음기능으로서 자각기능

보통사람들의 마음에는 인식기능, 반영기능, 가공기능, 저장기능이 공통적으로 작용하지만 깨어있기 수행자의 마음에는 자각기능이 추가됩니다.

깨어있음은 마음에서 일어나는 존재에 대한 가공과정을 알아차려 자각합니다.
깨어있음은 감각기관을 통하여 데이터가 들어올 때, 마음에 이미 자리잡고 있는 기억이미지와 거기에 결합된 오염원이 데이터에 영향을 주어 실상을 왜곡하려는 가공과정을 알아차리는 즉시 그 과정에 대하여 신속·정확·강력하게 깨어있으므로 데이터가 왜곡되는 참사를 방지합니다. 이 기능이 마음의 자각기능으로서 깨어있음의 알파요 오메가입니다.

마음으로 들어오는 데이터는 존재의 실상으로서 본래 청정합니다. 깨어있음은 청정한 데이터가 기억이미지와 오염원의 작용으로 왜곡될 때 상변과 무아의 검劍으로 가공과정을 무력화시킵니다.

자각기능이 잘 발휘되면 기억이미지와 오염원으로부터 나오는 편견과 망상이 촘촘히 알아차림되고 가치판단과 에고의 활동이 멈춰지면서 있는 그대로의 실상을 대면하게 됩니다. 뿐만 아니라 편견과 망상에 짓눌려있던 진실된 자아가 되살아나면서 존재를 바라보는 지혜의 눈과 자비심이 한껏 높아집니다.

탄탄한 자각기능은 깨어있음의 힘이 얼마나 시종일관 뒷받침될 수 있는가에 달려있습니다. 그러므로 수행자는 자각기능이 잘 발휘될 수 있도록 평소에 기준점에 오롯이 집중하여 이름붙이면서 일어나고 사라지는 감각과 현상에 대한 깨어있음을 꾸준히 연마합니다.

깨어있으므로 자각기능이 성성해지면 기억이미지와 오염원으로 흘러들어가던 마음에너지가 차단되어 그들을 살찌웠던 망상이나 심리적으로 패턴화된 낡은 의식과 같은 노폐물이 삭아서 없어집니다. 이어서 마음에는 자각기능에서 형성되는 자각의식이 보다 풍부해지고, 풍부해진 자각의식은 더욱 왕성한 자각기능을 구현합니다.

마음의 기능

■ 인식기능

'은행잎이다'라고 앎
은행잎을 인식함과 동시에 오염원들이
마음공간에 입력된 이미지에 투영되기 시작함
● 욕망인자 ○ 증오인자 ● 무지인자

■ 반영기능

마음에 은행잎이 이미지로 비쳐짐

■ 가공기능

입력된 이미지는
기억이미지의 성향에 포섭된 후
오염원과 뒤섞여
좋은것 싫은것 덤덤한것으로 가공됨

■ 저장기능

욕망:좋아하는것

증오:싫어하는 것

무지:무덤덤한 것

가공된 이미지는 욕망/증오/무지의 패턴에 따라
마음공간에 저장되어 노폐물로 무게를 드리우게 됨

■ 자각기능

깨어있음의 힘으로 이미지에 달라붙는 오염원을 떼어내고 해체시킴
오염원의 작용으로부터 벗어나게 됨으로
가치판단에서 사실판단으로 인식수준이 향상됨

동료과학자 구출하기

감각기관을 통하여 마음공간으로 유입된 데이터와 에고의 장난 사이에서 벌어지는 갈등관계는 마치 어느 공상과학 영화의 한 줄거리와 비슷합니다.

유능한 지구의 과학자가 외계로 잡혀가게 되었습니다. 그 과학자는 외계인의 실험실로 끌려 들어갔습니다. 외계인들이 과학자의 주위를 둘러싸고 그의 의식을 조종하기 위한 주사제를 주입합니다. 그렇게 되자 이 과학자는 그들의 명령코드에 따라 무의식적으로 순응하게 됩니다. 이 과정을 먼 거리 밖에 설치된 지구 통제센터에서 영화의 주인공인 관찰자가 지켜봅니다. 주인공은 동료 과학자에게 심각한 위험이 다가오는 것을 알아차리고는 특수 레이저를 쏘아 과학자로부터 외계인들을 분리시킵니다. 그와 동시에 레이저에 쏘인 외계인들은 과학자로부터 떨어져 나가 기운을 상실해가면서 몸체가 소멸되어 버립니다.

이 장면에서 실험실은 마음공간입니다. 외계인은 에고의 장난이며 마음오염원입니다. 과학자는 마음공간으로 입력된 순수한 데이터입니다. 잡혀간 과학자를 지켜보는 주인공은 수행자 자신입니다. 과학자를 구해내기 위하여 쏘았던 레이저는 깨어있음으로서의 자각기능이라고 할 수 있습니다.

깨어있음과 종교

인간의 행복을 위해 종교는 존재합니다. 따라서 종교는 마음을 깨우는 우리의 여행과 그 성격이 다르지 않습니다. 마음, 깨우침, 그리고 행복을 말하는 종교의 현실을 짚어 보고, 어떠한 현실 속에서도 결코 상실되어서는 안 될 본질적인 요소들을 함께 드러내어 마음을 깨우는 여행의 도움을 삼아보겠습니다.

개고생, 생고생

이 여행에 동행하시는 독자 중에 몇몇 분들은 종교를 가진 신앙인일 것입니다. 이분들은 충성된 신앙심을 가지고 하나님 혹은 부처님을 찾아 땀 흘리고 고통을 견디며 산을 넘고 물을 건너 오늘까지 살아왔을 것입니다. 다른 몇 분들은 종교에 소속되었던 과거를 빛 바랜 사진쯤으로 여기면서 종교

없이 현실을 살아가고 있을 것입니다. 물론 어느 기회에 종교를 가지고 살기를 바라는 분들도 계실 것입니다.

쓸데없는 고생을 일컬어 '개고생'이라고 하며, 개고생인 줄 알면서 감내하는 고생을 '생고생'이라고 합니다. 어떤 고생이든 고생을 고생으로 알아 그 즉시로 끝낼 수 있다면 몸과 마음을 더 이상 소모시키지 않을 수 있어서 다행일 것입니다. 문제는 개고생을 해왔으면서도 아직도 영문을 잘 모르는 까닭에 생고생의 2편 3편을 시리즈로 이어가고 있는 불행이 끊이질 않고 있다는 사실입니다.

고생을 멈추려면 멈추려는 순간부터 눈을 똑바로 떠야 합니다. 지금까지 내가 피땀을 투자하며 찾던 하나님과 부처님은 어디에도 계시지 않음을 알아차려야 합니다. 극락에도 천당에도 계시지 않고 법당이나 교회에도 계시지 않으며 죽은 다음에도 나를 마중나오지 않습니다.
그런 하나님이나 부처님은 본래적인 종교의 가르침을 교리적·문자적·신화적으로 제한시켜 잘못 이해한 사람들이 자기 자신과 당대의 어리석음에 휘말려 떠받들게 된 하나님 아닌 하나님, 부처님 아닌 부처님으로서 가짜 하나님이고 짝퉁의 부처님입니다.

겹겹이 쌓인 모순투성이와 부조리가 만연하는 세상이지만, 세상은 이래봬도 상락아정의 무대이며 창조주가 '보시기에 좋았다'고 하신 대긍정의 세계입니다. 이 세계 속에서 인간은 행복을 추구합니다. 인류는 행복에 도움을 얻기 위하여 종교를 만들었습니다.

종교에서는 인간의 행복스러운 상태를 '구원'이라고 합니다. 구원을 성불, 해탈, 혹은 신과의 합일 등 각 종교의 문화에 따라 다르게 말할 수 있지만, 지향하는 바는 궁극적 행복으로 동일합니다.

종교를 가지고 행복을 이루는 일에 왕도는 없습니다. 기독교든 불교든 힌두교든 각자 자라온 환경이나 개인의 기질에 따라 자신이 선택한 길을 꾸준하게 걸어가면 됩니다. 그렇다고 해서 종교를 통해서만 구원이 이루어지는 것도 아닙니다. 비록 특정 종교가 아닐지라도 예술이든 스포츠든 혹은 주식을 통해 돈을 버는 일이든 땅 파고 거름 주는 농사일이든 그 일에 종사하는 사람을 에고의 굴레로부터 해방시켜 주변의 존재들과 소통하면서 궁극의 자유를 누리도록 도울 수 있다면 그 또한 타당성 있는 익명의 종교라고 할 수 있습니다. 따라서 구원은 제도종교 이외의 다른 문화의 영역을 통해서도 얼마든지 가능한 일입니다.

그러나 종교가 참종교이려면 인류의 보편적 질병인 고통을 치유하는데 보편적인 시각을 잃지 않아야 합니다. 종파의 특수성에 치우쳐서 자신의 종교만이 참인 것으로 고집하게 되면 종교로서의 순기능을 잃어버리게 되고 맙니다.

인간과 종교를 생각할 때, 어떤 사람이 종교를 만났건 만나지 못했건 구원을 받았건 받지 못했건 하등의 문제 될 것도 없습니다. 모든 사람이 5성급 호텔의 요리를 먹지 않아도 살아가는데 아무런 문제가 없듯, 종교나 구원에 관심을 두지 않고도 얼마든지 일상을 살아갈 수 있습니다. 다만, 살아가면서 그래도 맛 중에 괜찮다는 맛인 일류호텔의 요리를 맛볼 수 있다면 기분을 좋게 하는 데 있어서 만큼은 즐거운 일일 것입니다. 마찬가지로 어떤 사람이 이세상을 살아가면서 삶의 맛 중의 맛인 구원을 경험할 수 있다면 그 사람은 갑절로 행복한 사람일 것입니다.

종교는 인간의 행복을 위한 인간에 의한 인간을 위한 장치입니다. 그러나 오늘의 종교는 너무나 교리적이고, 물질적이며, 외형적인 종교로 변질되어, 종교에 몸담은 사람들에게 행복이나 구원을 보증하는 데 많은 한계를 나타내 보이고 있습니다.

분명한 점은 이세상에 출현한 어느 종교를 막론하고 구원은 인간의 '밖'이 아닌 '안'에 대한 관심으로부터 출발한다는 사실입니다.

실상을 보고 실상에 호응하는 승물유심의 삶을 살아 행복하려면 외부에 존재하는 것으로 착각되는 초월적 인격신이나 밖에 견고한 모습으로 존재하는 것으로 보이는 형상이나 물질적 조건에 기대지 않는 사실판단의 지혜를 구비해야 하는데, 이 지혜를 계발하고 꽃피울 수 있는 자리가 지금·여기에 존재하는 마음입니다.

그래서 "마음을 가난하게 하고 청결하게 하라", "하나님나라는 너희 안에 있다"고 하신 예수님의 말씀이나 "모든 중생은 불성을 가지고 있다一切衆生悉有佛性"고 하신 부처님, 그리고 "나에게 모든 만물이 갖추어져 있다萬物皆備於我"고 하신 맹자의 가르침이 더욱 값진 교훈으로 들려옵니다. 다시 강조하건대, 인간의 삶과 우주의 중심은 마음입니다. 밖이 아니라 안입니다. 외부가 아닌 내면입니다.

마음의 종교는 안에서 밖을 보아 안팎을 통섭합니다.

구원과 성불은 수행의 결과

차비를 들이고 발을 움직여 서울을 직접 다녀와야 서울을 알 수 있습니다. 서울에 대한 장황한 이야기로는 서울을 알 수 없습니다. 도는 실천으로 이루어 집니다 道行之以成. 비로 쓸어야 쌓인 눈이 치워집니다. 수행으로 마음오염원과 노폐물의 MSG를 제거해야 실상을 만날 수 있습니다. 마음의 노폐물이 걷혔을 때 드러나는 실상을 대면하여 느끼게 되는 감격을 구원이요 성불이라고 합니다.

구원과 성불의 감격은 깨어있으므로 무아를 체험했을 때의 그것과 다르지 않습니다. 따라서 구원이나 성불은 나에 의해서 나를 통한 나의 실천으로 이루어집니다.

구원과 성불의 주체는 나입니다.

구원과 성불을 이루려면 반드시 마음을 들여다보는 실천

으로서 수행과 만나야 합니다. 수행 없이 교리나 설교로, 혹은 신학적인 해석으로 신을 이야기하는 방식은 머리에 종교적 정보를 수북하게 쌓아놓을 수는 있을지언정 구원이나 성불에 이르게 하지는 못합니다. 수행으로 마음을 가지런히 맑히고 그렇게 맑혀진 마음의 여유와 청정함 속에서 마음이 작동되는 과정을 알아차려 마음의 노폐물을 제거하게 되었을 때 종교를 통하여 불러들이려는 구원의 빛이 마음의 근저로부터 환하게 드러납니다.

수행이 결여된 채 말과 글로만 전달되는 종교적 가르침은 인간을 원시·마법적 동물의 차원으로 퇴행시키는 망상의 종합선물세트에 지나지 않습니다.

인간과 신, 그 본성은 동일하다

존재는 상변과 무아의 좌표를 따라 자기전개를 합니다. 상변과 무아의 과정을 따라 드러나고 사라지는 모든 존재는 그 근원인 일체로부터 비롯되는 동일한 성품을 공유합니다. 여기에는 신, 인간, 산천초목, 생물, 무생물, 이미 생겨난 존재, 아직 생겨나지 않은 존재 등이 공통적으로 포함됩니다.

자신의 본성에 대한 무지함에 빠져서 자신의 본래 모습을 깨닫지 못하고 살아가는 서글픈 인간을 가리켜 종교적인 용어로 '죄인'이요 '중생'이라고 합니다. 죄인이나 중생은 실정법을 어긴 파렴치한 인격의 사람이거나 세상살이에 피폐해진 무지랭이를 가리키는 말이 아닙니다. 그것은 자신의 본성을 알지 못한 무지한 인간을 나타내는 은유입니다. 자신을 바로 보면 그 순간 중생이 부처요 인간이 하나님이며 '여기'가 '거기'입니다.

사자인가 당나귀인가

법당을 찾아 부처님께 절을 올리고 있으면서도 부처님과 자신을 분별하기에 여념이 없는 억겁의 무지에 빠진 중생, 하나님께 복을 빌면서도 그 하나님과 자신의 격절성隔絶性으로부터 벗어나지 못하는 죄인 된 사람들은 다음의 이야기를 주의 깊게 음미해 보십시오.

> 당나귀들을 기르는 한 사람이 있었습니다. 어느 날 이 사람이 당나귀들에게 풀을 먹이기 위해 숲 속으로 갔습니다. 그런데 우연히 그 숲 속에서 새끼 사자 한 마리를 만나게 되었습니다. 당나귀 주인은 그

동물이 사자인줄 몰랐습니다. 그래서 당나귀 주인은 어린 것을 데리고 집으로 왔습니다. 어린 새끼 사자는 당나귀들과 함께 자랐습니다. 새끼 사자는 당나귀들과 함께 살면서 당나귀의 울음소리인 '히힝 히히히힝…'하는 소리도 배웠습니다. 사자는 자라는 동안 자신을 당나귀로 여기면서 당나귀의 습관과 방식을 따라 살았습니다.

어느 날 어린 사자가 당나귀와 함께 강둑에서 풀을 뜯고 있었는데, 다른 사자가 물을 마시러 강가로 왔습니다. 사자는 물을 마시다 당나귀 사이에 있는 어린 사자를 발견하게 되었습니다. 나이든 사자는 당나귀 틈에서 풀을 뜯고 있는 자신의 동족을 보고는 깜짝 놀랐습니다. "아니, 저건 우리 사자가 아닌가!" 그래서 이 사자는 가까이 다가가서 "이 보시게 이게 무슨 꼴인가."라고 물었습니다. "나는 나의 식구들과 함께 풀을 뜯고 있는데 당신이 무슨 참견입니까?" 어린 사자가 대답했습니다. "그들이 어찌 자네의 식구들이란 말인가, 저들은 당나귀이고, 자네는 사자가 아닌가. 나와 함께 물가로 가서 물에 비친 자네의 모습을 보지 않겠나? 자네의 생김새와 나의 생김새가 어떻게 생겼는지 살펴보시게." 사자의 말에 어린 사자는 물가로 갔습니다. 어린 사자는 물에 비친 자신의 모습을 보고는 나이든 사자의 모습과 똑같다는 사실을 알게 되었습니다.

"당나귀들이 자네의 식구인가, 아니면 내가 자네의 동족인가. 어서 말해보아라!"

"예, 저는 사자입니다."

"그렇다면, 이제 더 이상, '히히히힝…'하는 우스꽝스러운 소리를 집 어치우고, '어흥'하고 포효해보아라!"

'어흥 어흐흐흐흥…'

'어흥…!'

어린 사자는 큰 사자의 말대로 '어흥… 어흥'하고 포효하기 시작했습니다. 어린 사자가 포효하니까 어린 사자와 함께 풀을 뜯던 당나귀들이 모두 달아났습니다. 두 마리 사자는 숲 속으로 달려갔습니다.

물에 비친 자신의 모습을 보고 화들짝 깨어남으로 자신의 본래 모습이 당나귀가 아님을 알아차린 순간 어린 사자는 당나귀로부터 사자로 변형되어 자신의 본래 모습을 되찾게 되었습니다. 물론 사자가 사자로 된 것은 당나귀가 변해서 사자가 된 것이 아닙니다. 실제로 사자는 결코 당나귀가 된 적이 한 번도 없었습니다. 단지 자기 자신이 사자임을 잊고 스스로를 당나귀로 여겼을 뿐입니다.

감옥이 익숙해도 감옥은 감옥일 뿐

인간을 부처님이나 하나님과 동등한 존재라고 했을 때 많은 사람들은 대단히 불안한 사태로 여겨져서 몸에 소름이 돋고 현기증에 시달리거나 죄책감의 공포로 두려워합니다. 인간이 부처님이나 하나님과 동등한 존재라는 말은 하나님이나 부처님을 가치판단에 따라 교리나 관습으로 이해하는데 익숙해진 사람들과 그동안 스님이나 목사님의 말씀을 맹신하며 살아온 사람들에게는 명백한 비약이며 무책임한 언어유희로 들릴 것입니다.

그러나 수행으로 눈 한번 돌리고 나면 사정은 크게 달라져서 하나님이나 부처님을 마음으로 만나게 되므로, 이 말은 너무나 당연한 이치로 불편없이 와 닿습니다.

감옥에 오래 갇혀 사는 사람은 밖의 세상보다 감옥이 더 편안하게 느껴집니다. 그러나 지금 당신의 몸을 의탁하고 생활하는 감옥이 아무리 익숙하게 느껴지더라도 언젠가는 감옥을 나서야 합니다. 감옥을 나서서 사회생활 하는 일이 낯설거나 두렵게 다가오더라도 말입니다.

휘황찬란한 금으로 치장된 감옥이라도 감옥은 감옥입니다. 죄인의 감옥이며 중생의 감옥입니다. 감옥의 편안함은 동굴 안의 제한된 안락함과 같습니다. 그러므로 바로 지금 용기를 가지고 너그럽게 자신을 보고 부처님을 뵙고 하나님을 만나보아야 합니다.

하나님이나 부처님을 종교학에서 말하는 '신'으로 표현한다면, 신은 독이 될 수도 있고 약이 될 수도 있는 존재입니다.

흔히 종교에서 말해지는 신은 인간에게 두 가지 역할을 해 왔습니다. 신을 통하여 인간이 고통으로부터 해방되는가, 아니면 신을 통하여 구속되는가입니다. 신을 신앙하면서 자유로움을 얻게 되었다면 그 신은 바람직한 신으로서 약이 되는 신입니다. 그러나 신을 통하여 또 하나의 관습이나 체계 속으로 구속된다면 그 신은 독이 되는 신으로서 신 아닌 신입니다.

야훼를 통하여 이집트의 파라오로부터 해방되는 삶을 살았던 모세에게 야훼는 바람직한 신입니다. 달마를 통하여 마음의 고통을 해결한 혜가에게 있어서 부처님은 바람직한 신입니다. 이때 신은 개념으로서의 명칭을 가진 신이 아니라 진리 그 자체입니다.

그리하여 이르시기를, "진리가 너희를 자유케 하리라."고 하였습니다.

본질적으로 신에게는 이름도 형상도 해당되지 않습니다. 굳이 신의 명칭을 들어 신을 묘사한다면 신은 모든 존재를 존재의 실상대로 존재하게 하며 모든 존재를 존재답게 하는 일체의 근원이라고 말할 수 있습니다.

그럼에도 인류는 신을 인간의 언어나 행위, 생각을 가진 존재로 이해해 왔습니다. 이렇게 묘사된 신을 인격신이라고 합니다. 여기에 신을 이세상과 동떨어진 어느 멀고 먼 곳에 계셔서 기적을 행사하는 분으로 설정하는 것은 초월신, 죽은 다음에라야 만날 수 있는 신으로 생각되는 신을 타계적인 신이라고 합니다. 이를 한데 합쳐서 '초월적 인격신'이라고 하는데, 초월적 인격신은 신체험을 한 사람이 신을 묘사할 때 부득이 인간적인 모습과 성정을 가진 존재로 나타내는 것으로서, 신의 그림자에 해당한다고 볼 수 있습니다.

인간이 경험한 신체험을 절정체험絶頂體驗이라고 합니다. 수행에서 절정체험은 상변현상이 나에게로 침투되어 무아를 절감하게 되었을 때 느끼는 감정입니다. 신을 만나서 전존재全存在가 변화하듯, 일체의 자리에 이르러 무아의 눈으로 존재의 본성을 꿰뚫은 수행자는 실상을 맛본 감격으로 세상을 바라봅니다.

절정체험은 언어도단言語道斷의 자리입니다. 체험을 드러내거나 말로 표현하는 일이 불가능합니다. 그럼에도 불구하고 때로는 체험의 신묘함과 그 체험을 통하여 깨닫게 된 바를 개인이나 공동체에게 교훈적으로 전달할 필요가 있는데, 그런 의도에서 부득이하게 사용되는 필설筆舌과 그 결집체인 경전은 도구적인 의미에서 유용합니다.

표현의 필요성은 인정하면서도 꼭 기억해야 할 점은, 체험에 대한 개념적인 표현이든 신의 이미지이든 어떤 관점에서 체험을 이야기하고 신을 설명하더라도 어상이상의 지혜를 잃지 않아야 한다는 점입니다.

형상의 신을 거부하는 것은 '약견제상비상이면 즉견여래'라는 단도직입의 진리를 관통하고 있음이요, 인격신에 동의하지 않는 것은 야훼는 고정된 공간이나 이미지에 제약될 수 없다는 구약 선지자들의 전통을 되살리는 일에서 그 입장은 다르지 않습니다.

따라서 수행과 결부하여 체험을 표현하거나 신을 말하는 것이 개념에 따른 상이나 형상화된 이미지를 받아들여야 하는 껄끄러움은 남지만, 신이나 그에 대한 체험이 인간을 속박으로부터 벗어나 자유롭게 하는 존재론적 가치를 희생시키지 않는 한, 언어 밖의 존재이든 언어의 한계 내에서의 존재이든 서로가 회통會通하는데 아무런 거부감이 없을 것입니다. 존재가 상변이요 무아인 것처럼 언어와 개념 역시 실체를 가지지 않는 공空이기 때문입니다.

어상이상의 지혜는 종교적으로 비문자非文字, 비신화非神話, 비종교非宗敎적 관점이 갖추어질 때 자유자재해집니다.

깨어있음과 기도

수행에 참여하는 종교인들로부터 기도와 깨어있음은 어떤 관계가 있는가에 대한 질문을 받을 때가 있습니다. 아마도 이 질문에는 '우리는 부처님이나 하나님을 따르는 신앙인으로서 이미 기도의 길을 가고 있는데, 거기에 구태여 수행을 더 보태야 할 필요가 있을까?'라는 의문이 담겨있다고 생각됩니다.

기도와 깨어있음은 인간의 궁극적 행복을 지향하는 측면에서 서로가 추구하는 목표는 같습니다. 궁극적 행복이 무엇인가에 대해서는 신앙과 깨어있음의 진도, 그리고 존재를 바라보는 관점에 따라 다르게 생각될 수 있지만, 기도와 깨어있음은 인간의 궁극적 행복을 도모하는 일에 함께 참여하는 방편으로서 의미를 갖습니다.

어떤 종교에서든지 기도는 인간의 마음을 절대자와 교감시키면서 절대자로부터 비롯된 본성이 드러나도록 마음을 주시하며 살피는 일로서 깨어있음의 행위라고 할 수 있습니다. 이와 같은 기도의 정의는 동서양의 모든 종교와 지혜전통에 공통적으로 해당됩니다. 바른 기도는 깨어있음의 행위입니다.

그러므로 올바른 기도가 되기 위해서는 좌선의 경우처럼 마음으로 집중하기 위한 조건으로서 외부와의 단절과 고요함이 요구되며, 이를 바탕으로 마음오염원을 솎아내어 본질적인 자아가 드러나도록 자기성찰의 노력을 끊임없이 기울여야 합니다.

나를 잃은 기도

수행에 가장 잘 부합되는 기도의 모범을 소개하겠습니다. 장자의 이야기입니다. 장자莊子는 동양의 현자로서, 땅바닥을 기어 다니는 땅강아지 한 마리 속에서도 도道를 직관함으로 존재세계의 실상을 통째로 관통했던 대담한 인식을 지닌 사람이었습니다.

장자의 깨달음은 기도에서 비롯되었습니다. 장자의 기도는 자기를 잃는 상태로서 상아喪我였습니다. 장자는 어느 날 홀연히 하늘의 바람소리天籟를 들었습니다. 그의 장쾌한 필력으로 휘갈겨진 문장을 통해 장자가 도달한 천상천하의 경지를 헤아려보시기 바랍니다.

남곽자기가 책상에 기대앉아 하늘을 우러러 크게 숨을 내쉬니, 그 멍청한 모습이 일체의 존재를 잊은 듯하였다. 곁에서 모시고 있던 제자 안성자유가 말했다. 어찌된 일입니까, 살아 있는 몸이 마른 나무처럼 될 수 있고, 마음이 불 꺼진 재처럼 될 수 있습니까? 지금 책상에 기대고 계신 모습은 예전에 기대고 계셨던 모습과는 아주 다릅니다. 자기가 말했다. 언아, 그와 같이 묻다니 기특하구나. 지금 나는 스스로를 잃어버리고 있었는데 너도 이를 알았더냐? 너는 사람의 음악은 들었을 것이나 땅의 음악은 듣지 못했을 것이다. 혹 땅의 음악은 들었다 해도 하늘의 음악은 듣지 못했을 것이다. 『장자』,「제물론」
南郭子綦 隱几而坐 仰天而虛 答焉似喪其耦 顔成子游 立侍乎前 曰 何居乎 形固可使如槁木 而心固可使如死灰乎 今之隱几者 非昔之隱几者也 子綦曰 偃不亦善乎 而問之也 今者吾喪我 女知之乎 女聞人籟 而未聞地籟 女聞地籟 而未聞天籟夫.『莊子』,「齊物論」

위의 주인공 남곽자기는 장자 자신입니다. 자신의 체험을 남곽자기와 그의 제자인 안성자유를 등장시켜 묘사하고 있습니다. 장자가 들은 하늘의 바람소리는 삼라만상이 내는 소리의 근원으로서 일체의 맛이 깃든 소리입니다.

장자가 하늘의 바람소리를 듣게 된 계기는 자기를 잃어버림에 있었습니다. 마치 마른 나무橋木나 불 꺼진 재死灰처럼 절대자 앞에서 자신을 철저하게 버리고 잊었습니다. 그것이 장자가 경험했던 상아이며, 장자의 기도였습니다. 절대자 앞에서 자신을 철저히 잃어버렸을 때, 나를 잃어버려 텅 빈 자리에 하늘의 소리가 꽉 차게 들려옵니다.

우리가 들을 수 있는 하늘의 소리는 너무나 미세합니다. 미세한 음성은 고요함 속에서 들려옵니다. 세속의 소리가 잦아들고, 경험의 소리가 잦아들고, 에고의 부르짖음이 잦아들었을 때 하늘의 바람소리를 들을 수 있습니다. 몸은 강호江湖에 있으나 마음은 도성都城에 있는 것처럼, 아무리 오랜 기간 동안 수행이나 종교에 몸을 두고 있더라도 자신의 마음을 비우고 그 마음에 대하여 분명하게 깨어있지 못하면 그 자리에는 고요함도 없고 하늘의 숨결도 깃들 수 없습니다. 몸은 신전에 있을지라도 마음은 세속에 머물러 있는 까닭에 일상의 어귀를 맴도는 망상과 분주함에서 헤어나지 못하게 되는 것입니다.

세속의 소리를 끊고, 경험의 소리도 끊고, 에고의 부르짖음도 끊어서 온전히 나를 잃어버리게 되었을 때, 그 사람의 모습은 마른 나무나 불 꺼진 재처럼 몰골만 하얗고 차갑게 남을 것입니다. 그러나 그 모습이야말로 세상의 군더더기가 사라진 모습으로서, 대패로 켜거나 끌로 매끈하게 다듬어진 나무라기보다는 산에서 자연스럽게 자라고 있는 통나무(樸)와 같은 거칠거칠한 모습이며, 잡다한 장식이 떨어져 나간 존재의 사실적인 모습이라고 할 수 있습니다. 장자가 상아를 체험한 후의 모습이 그랬습니다. 고목사회枯木死灰입니다. 고목사회는 자신을 소멸시킴으로 존재의 실상과 마주하기를 소원하는 내면적 의지가 그만큼 투철해야 함을 말해줍니다.

그러나 육체의 몰골만 앙상하게 남았다고 안쓰럽게 여길 필요는 없습니다. 겨울나무는 골피骨皮만 남았더라도 그 속에 희망의 봄과 다가올 여름의 풍성한 초록을 안고 있듯, 고목사회야말로 다시 새로운 존재로 태어나는 부활의 거름이 됩니다.

깨어있음과 금욕

종교가 구원을 이루는 방편이라고 할 때, 구원은 거룩함의 토양에서 발아하고, 거룩함의 토양에서 수확된 구원의 열매는 거룩함의 맛과 향기를 냅니다.

안타깝게도 구원의 토양이자 열매의 성분이 되는 거룩함은 서양의 기형적 사고가 낳은 이원론의 편견된 영향이 짙게 배어있음을 지적하지 않을 수 없습니다. 특히 기독교의 관점에서 볼 때, 거룩함은 성·속聖·俗으로 나뉘어지는 세계관속에서 성의 영역에만 해당되는 것으로 굳게 믿어져 왔습니다.

성의 영역이란, 남녀의 세계에서는 남성에 해당하고, 해와 달의 세계에서는 해에, 위와 아래의 세계에서는 위에 성의 영역인 거룩함이 위치하는 것으로 보았습니다. 그런 까닭에 '거룩한' 하나님은 남성이어야 하고, 태양이 존재하는 곳보다 더 멀고 먼 곳에 위치해야 하며, 멀고 먼 곳이란 지하세계를 관통하는 멀고 먼 곳이라기 보다 하늘 위를 향한 멀고 먼 곳이어야 했습니다.

기독교가 신봉해온 거룩함의 이해는 서양의 예술과 문화 전반에 깊숙이 스며있습니다. 어상이상의 지혜가 필요함은 재론할 여지가 없습니다.

이와같은 불구의 세계관 속에서 거룩함을 성취하는 방법으로 제시된 것이 금욕입니다. 금욕은 성스러운 것을 얻기 위해서는 속스러운 것을 경계하고 마침내 단절해야 하는 것으로 교리화되었습니다.

금욕을 제일 먼저 실천한 주체는 신이었습니다. 아들 메시야가 강림하기 위하여 할 수 없이 여성의 몸을 의탁해야 한다면 차라리 성관계를 모르는 때묻지 않은 처녀의 몸에서 태어나야 하고, 아래인 땅은 속스러우므로 하늘을 바라보며 땅의 고난을 견뎌야 한다는 해괴한 금욕의 모델을 신이 제시하였습니다.

물론 남성인간들이 자신들의 마음에 꿈틀거리는 욕망을 신에게로 투영하여 남성중심의 세계관을 구성하려는 목적에서 임기응변적인 신을 창조해내었던 것입니다.

태생적으로 심각한 결함을 가진 금욕의 교리임을 인정하면서도, 금욕은 방편적 가치를 가지고 있음을 일상생활과 수행현장에서 충분히 느낄 수 있습니다. 수행의 경우만 살펴보더라도, 개인의 수행 뿐 아니라 집중수행기간에는 더더욱 엄정한 금욕이 요청됩니다. 수행의 원만한 진척과 밀착된 집중을 위해서, 그리고 그 결과가 청정하기 위해서 규칙과 금욕은 철저하게 지켜져야 합니다. 담뱃불을 들고 주유소에 들어갈 수는 없습니다. 마찬가지로 욕망이 들끓는 마음으로 수행실에 들어가는 것은 수행하려는 자신이나 동료들에게 아무런 도움이 되지 못합니다.

수행자가 수행에 대한 규칙이나 금욕에 대한 지시를 어길 때에는 수행을 다음 기회로 미루도록 권면하거나 아예 수행처와 격리되도록 조치해야 합니다.

깨어있음과 거룩함

구원의 토양이자 그 열매의 맛인 거룩함은 성속의 양변을 갈라놓고 어느 쪽의 것만 분리하여 취하는데서 이루어지지 않습니다. 이것과 저것의 상호의존성으로 유지되는 존재세계에서 한쪽이라는 독립된 개체는 존재할 수 없습니다. 설령 '한쪽은 한쪽으로 존재한다'는 표현이 성립한다고 가정하더라도 그것은 전체를 함유한 일부분이라고 보아야 합니다. 여기에서 부분과 전체는 동일한 본성을 공유하고 있습니다. 속초 앞바다에서 떠올린 한 움큼의 바닷물에 오대양의 바닷물과 동일한 성분이 함유되어 있음과 같습니다.

거룩함은 일체에 깃들어 있는 신성의 향기입니다. 거룩함은 존재세계의 사사물물 속에 구비된 본성입니다. 거룩함을 경험하려면 양변을 이루는 짝들이 서로 성속에 해당하는 것들로서 모순되고 대립되는 요소들로 보일지라도, 모순되고 대립되어 보이는 그대로 이 세계는 완벽하게 존재하고 있음을 깨어있음의 눈으로 바라보아야 합니다. 그리고 그렇게 바라보는 주체는 존재세계를 구성하는 양변의 짝들에 대하여 분별과 정죄를 일삼던 관습을 과감히 폐기하고 양변을 포용하면서 갈망이나 혐오없이 일상을 섭렵할 수 있어야 합니다.

거룩함은 일체감입니다. 상변하는 존재의 속성인 무아를 깨달아 이것과 저것 사이의 아무런 틈이나 차별 없는 일체감을 느끼게 될 때, 그 순간 경험되는 섬광과 같은 동체의식 가운데서 거룩함은 아지랑이처럼 피어납니다.

무아 스케치

수행의 열매가 진리임을 알면 그 진리는 체험으로 실증되어야 하고, 실증된 결과는 수행자의 일상에 구체적으로 드러나야 합니다. 꾸준한 흐름으로 수행이 유지되면 삼성리의 파노라마가 수행자 자신의 몸과 마음에서 실제적으로 펼쳐지고 있음을 체험하게 되고, 자신의 몸이야말로 상변·무아·일체가 연출되는 살아있는 무대임을 경험할 수 있습니다.

수행체험이 에고의 주관적 오류에 걸려들지 않으려면 체험자가 수행의 시공간을 떠나 일상으로 나왔을 때에도 상변과 무아에 기반을 둔 삶을 살아갈 수 있도록 수행자에게 영향력을 줄곧 발휘할 수 있어야 합니다. 그렇지 않으면 수행과정에서 나타나는 특정한 체험현상에 결박되어 자신을 무아로부터 이탈된 유아有我적 존재로 착각하려는 어리석음에 사로잡히게 됩니다. 그럴 경우는 차라리 수행체험 없이 삼성리에 대한 이해의 차원에 머무르는 것이 비록 실상의 체험에는 다다르지 못할지라도 수행과 삶을 통째로 그르치는 위험성으로부터 벗어나게 되어 보다 안정적일 수 있습니다.

수행열매의 진가는 무아에 있습니다.
존재세계가 상변임을 철견하면, 상변은 수행자에게 무아로 다가옵니다. 나는 무아입니다. 하지만 이 명제는 너무 뜨거운 감자와 같아 선뜻 입에 넣기가 망설여지는 것이 사실입니다. 그렇기는 해도 뜨거운 것도 잘 달래보노라면 먹을 수 있을 정도로 만만해질 수 있습니다.

여기에서는 수행체험의 몇몇 자락을 스케치해 보겠습니다. 우리의 여행에 참고가 되기를 바랍니다. 사람마다 꾸는 꿈의 내용은 다양합니다. 체험의 유형도 다양합니다. 특정한 체험에 걸리지 말고 어상이상의 서늘한 지혜로 흘깃 스쳐 지나가십시오.

고배율의 현미경으로 만나는 나

좌선과 행선으로 존재의 실상을 투과해 들어가 무아를 획득하는 과정은 고배율의 현미경으로 사물을 들여다보는 작업과 흡사합니다. 일상의식에 젖어 살던 사람이 자각의 식에로의 전환을 이루는 일은 깨어있음으로 존재에 대한 인식의 배율을 높이는 과정에 해당합니다.

선택과 반응 없는 평정심을 바탕으로 신속·정확·강력하게 몸과 마음을 관찰해 들어가면 나의 몸과 마음은 사대로 구성된 특성들의 결합과 그 결합의 역학관계에서 발생되는 변화무쌍한 에너지흐름의 총합으로 구성되었음을 감지하게 됩니다.

육안으로 파리의 날개나 동물뼈의 단면과 같은 사물을 관찰할 때, 각각의 완결된 모양이나 일정한 형식을 띤 결정체로 보이지만, 고배율의 현미경으로 들여다보면 각각의 완결된 모양과 구조로 드러났던 모습들이 하나의 세포와 그 세포를 이루고 있는 더욱 미세한 세포들로 구성된 사방연속무늬로 끝없이 확장되고, 이어서 아무것도 존재하지 않는 드넓은 공간이 마치 축구장만한 크기로 시야에 들어오는 것을 볼 수 있습니다.

거칠고 투박한 감각으로부터 시작하여 심층을 거치면서 나타나는 현상들에 대한 깨어있음으로 인식의 배율을 높여가면 나의 몸도 육중한 무게로 느껴지는 고체의 덩어리를 넘어 사대의 결합으로 이루어진 지·수·화·풍의 요소들이 끊임없이 생성·변화·운동하면서 그 에너지의 결속력으로 육체의 한계 안에 잠시나마 얼기설기하게 구조화된 것임을 볼 수 있습니다. 볕을 쪼이면 눈사람이 녹듯, 몸으로 구조화된 특성들은 깨어있음의 통찰을 거치면서 이윽고 변화하여 정형화된 틀을 내려놓는 현상도 목도하게 됩니다.

또한 마음은 사대의 요소들이 만들어내는 에너지의 장력 안에서 기억에 뿌리를 둔 다양한 이미지들로 채워진 가상공간형태로 흘러가고 있음도 볼 수 있습니다. 가상공간의 마음 안에는 화룡점정畵龍點睛처럼 의식이 박혀 있는데, 이 의식이 연속적으로 이어지는 변화의 흐름을 타고 점멸을 거듭하면서 성탄절 트리의 전구처럼 깜빡이고 있습니다. 의식의 점멸현상 가운데 에고가 마음의 수면 위로 고개를 내밀기도 하고 수면 밑으로 가라앉기를 반복하면서 내가 존재한다는 자의식을 연출해냅니다.

무경계의 존재

깨어있기 수행자의 높아진 인식의 배율을 따라 몸과 마음을 관찰하면, 나는 사대의 특성과 에너지의 흐름, 그리고 기억이미지가 결합된 임시적 존재로서 지금·여기의 좌표 위에 드문드문하게 위치하고 있음을 감지하게 됩니다. 이 앏은 나를 나와 나 밖의 사물들과의 사이에 금을 그어 구분할 수 있을 만큼의 뚜렷한 경계를 가질 수 없는 매우 느슨하면서도 밀도가 낮은 희미한 모습으로 보이게 합니다. 강이나 바다에 그물을 치면 그물은 있지만 그물 내부와 외부의 물을 구분하는 경계가 의미 없는 것처럼, 나와 사물 사이의 경계가 확정적으로 존재하지 않음을 알 수 있습니다.

내 몸의 포장지인 살갗 안에는 뼈가 있고 살이 있고 생각이 있고 어제 먹은 콩나물의 성분이 들어 있습니다. 뿐만 아니라 그 포장지 밖에도 나는 존재합니다.

방금 호흡으로 들어왔다 빠져나간 공기는 바람을 타고 앞산의 자작나무에게로 들어갔습니다. 아니면 하늘의 구름으로 합류되었을 것입니다. 조금 전 우편물을 들고 온 집배원 아저씨에게 "어이구, 수고하십니다!"라고 인사한 내 음성은 내 몸에서 음파로 빠져나가 아저씨의 마음으로 스며들어갔습니다.

호흡과 목소리는 내 몸의 공간을 떠났지만 그것은 형태를 달리하여 존재하는 나의 또 다른 모습임에 분명합니다. 관점을 바꾸어 보면, 자작나무의 동화작용으로 발생되는 산소는 나에게로도 들어왔으므로 나에게는 자작나무가 들어 있습니다. 집배원 아저씨가 "네, 안녕히 계세요!"라고 인사한 음성은 공기를 타고 나에게로 들어왔으므로 나에게는 집배원 아저씨의 성분이 들어있습니다. 그러므로 나는 여기 책상 앞에도 존재하고 저 밖에도 존재합니다. 저 밖의 것 또한 나에게도 존재합니다.

남쪽의 삼도三道를 아우르는 중앙에 지리산이 있습니다. 어디부터가 지리산입니까. 구례시내부터입니까, 화엄사부터입니까, 남원부터입니까, 진주부터입니까. 천왕봉과 노고단의 경계는 어떻게 삼아야 합니까. 벽소령입니까, 세석입니까. 지리산과 무등산은 서로 다른 별개입니까, 아니면 동일한 근본의 서로 다른 드러남입니까.

일상의식에 따라 자타의 경계를 짓고, 산이나 강, 바다를 붙여진 이름에 따라 나누고 구별지으려는 태도는 일상에

서 사용되는 관습일 뿐, 실상의 차원에서는 어떤 의미도
갖지 못합니다. 일상에서 마늘은 여섯 쪽으로 속시원하게
쪼갤 수 있어도 실상의 세계에서 인식의 칼질은 아무 소
용없습니다.

그러나 이름이나 경계가 무의미하다고 해서 행주와 걸레
를 같은 솥에 넣고 삶으면 그 순간 낭패를 보게 됩니다. 엄
연히 일상에서 행주는 행주요 걸레는 걸레입니다.

깡통 쥐불놀이

시골에서 어린시절을 보낸 독자들은 정월대보름 쥐불놀
이를 기억할 것입니다. 동네 꼬마 녀석들이 해질녘 들판
에 모여 깡통에 구멍을 뚫고 긴 철사고리를 연결해 불 깡
통을 돌립니다. 불 깡통은 저마다 둥근 원을 그리며 밤하
늘을 수놓습니다.

꼬마의 손끝을 중심으로 둥글게 회전하는 불 깡통의 불은
끊임없이 둥글게 이어지는 운동체로 보이지만, 사실은 매
순간순간 정지상태에 머물러 있는 점들의 연속임을 눈치
채기는 그다지 쉽지 않습니다.

깨어있기 수행으로 나를 들여다보면 '나'로 인식되는 존재는 순간순간 사대의 특성들의 일어나고 사라지는 운동성을 띤 정지상태의 연속으로 나타나며 그 정지의 연속은 매 순간마다 새롭게 원인과 조건에 따라 발생하고 소멸하는 존재의 파노라마에 순응적임을 체감하게 됩니다.

이처럼 깨어있음을 통하여 만나게 되는 나는 순간순간 일어나고 사라지는 특성들이 나라고 생각되는 몸과 마음을 무대로 상변과 무아를 연출하는 생멸의 흐름임을 깊이 느낄 수 있습니다.
그렇다고 흐름을 흐름으로 볼 수 있는 것도 아닙니다. 파도를 파도로 보다 보면 어느새 파도는 사라지고 바다만 남아 있게 될테니까 말입니다.

따라서 나는 철저하게 상변이요 무아의 존재로서, 고정적 개체로서의 나는 일찌감치 존재하지 않음을 알게 됩니다. 오직 일상의 무대에서 만나게 되는 나를 어여삐 여기면서 집착없이 그와 만나고 세상이 좋은 만큼 그와 더불어 마음껏 즐기면 족할 것입니다.

몸의 감각과 마음에 출몰하는 현상들에 대하여 깨어있다 보면 그 과정이 마치 쇄빙선이 얼음바다를 항해하면서 빙산만한 얼음들을 분쇄하여 커다란 얼음덩어리들이 작은 얼음조각으로 분해되고 곧 이어 작은 얼음조각들마저 바닷물로 녹아들어 얼음의 형상과 흔적이 사라지듯, 그 동안 견고한 성곽처럼 보이던 육체적·생물학적 존재로서의 나에 대한 관념, 그리고 과거와 미래에 대한 생각의 다발로 엮어진 내면의 기억과 흔적들을 마음의 실체로 알았던 나의 관점들이 산산조각으로 해체되는 해체감解體感을 경험하게 될 수도 있습니다.

몸과 마음에 고정적인 실체로 드리웠던 형상과 흔적이 해체되는 것은 허무한 폐허로 끝나지 않고 곪았던 상처가 아물고 새살이 돋아나는 것처럼 해체된 그 자리에 다른 새로운 그 어떤 무엇이 새롭게 돋아나는 모종의 시작을 불러오게 됩니다. 이 현상은 깨어있음에 참여하기 전에는 오염원에 지배되어 미처 알지 못했던 내 안의 일체의 자리가 깨어있음으로 계발된 지혜의 빛을 따라 점차 드러나는 과정으로 볼 수 있는데, 그 모습은 마치 지금의 지도에는 나타나 있지 않지만 태곳적부터 바다 밑에 존재하고 있던 거대한 해저지형이 바다 위로 솟구쳐 올라와 새로운 대륙으로 자리잡는 것과 같은 스펙터클하면서도 낯선 광경 정도로 묘사할 수 있을 것입니다.

바다표면 위로 모습이 갖추어지지는 않았지만 이미 존재하고 있던 해저지형을 불현듯 대면하게 되는 것처럼, 지혜의 빛을 받으므로 새롭게 드러나는 존재의 모습은 몸에 갇힌 나가 경험하는 물리적 시간과 공간으로 틀지워진 경계를 넘어서서 존재하는 광활한 신성과 동일한 실재로서, 존재의 실상과 승물유심하기를 즐겨 하는 여유로움을 제공해 주기도 합니다.

깨어있음으로 거듭난 삶

이 여행의 정점에서 마음을 보고 그 마음에서 나를 보게 된 수행자는 상변과 무아에 승물유심하면서 나를 비롯한 존재일반의 세계를 일체화된 눈으로 바라보는 대긍정의 마음을 품습니다. 수행자가 수행을 통하여 얻게 된 열매 는 무엇이며, 그는 어떤 안목과 손발놀림을 가지고 일상 을 살아갈까요.

수행의 열매를 점검하기 위한 바로미터

수행자는 자기 안에서 체험된 무아의식의 수준에 따라 세 상을 바라봅니다. 자기 안에서 체험된 것이 참인지 아닌지 는 그의 삶의 모습을 들여다보아 판단할 수 있습니다. 자 신이 확신하는 참된 결과물은 체험자의 일상에 그대로 묻어납니다. 수행자는 아는 대로 경험한 대로 삶을 살아 자신의 유익을 꽃피우고 이로써 타인을 위한 자비의 삶으로 이어갑니다.

자신의 지혜로운 삶과 타인을 위한 자비를 실천함에 있어서 수행자는 먼저 자신의 수행상태와 열매가 항상 싱싱하고 믿을 만한 것인지를 점검하는 일에 게으르지 않습니다. 점검의 바로미터는 다음과 같습니다.

- 일체의 맛을 경험한 나는 나와 동등한 본성을 지닌 타인이나 사물들을 이웃으로 수용하고 공감하는가.
- 마음에 밀려오는 갈망과 혐오의 대상들에 대하여 깨어있음은 어느 정도로 신속한가.
- 감정에 지배당하여 어찌할 바 모르는 상황에 빠지게 되었을 때 얼마나 원만하게 평정심을 발휘할 수 있는가.
- 세상을 바라보는 시각은 아름다움과 긍정성에 기초되어 있는가.
- 일상 속에서 수행은 얼마나 지속적으로 실천되고 있는가.

이미 있던 자리로 다시 돌아옴

지금·여기에 주목하는 깨어있기 수행과 그 열매로서의 깨달음은 철저히 일상을 위함입니다. 생존에 초점 맞추어진 일상의식으로 살아가던 수행자는 깨어있음을 통하여 사대의 취산聚散을 경험하고, 아울러 삼성리를 철견한 다음 전혀 경험해보지 못했던 시각으로서 자각의식을 획득합니다. 수행자는 자각의식을 마음에 갈무리하고 다시금 일상의식으로 귀환하여 일상을 살아갑니다.

『장자莊子』의 「응제왕應帝王」편에 보면, 도를 좇아 동분서주하던 열자列子가 스승 호자壺子를 뵈옵고 한소식을 얻어 공부를 마치게 되었습니다. 열자는 스승께 작별을 고한 다음 집으로 돌아왔습니다.

열자는 3년 동안 밖을 나오지 않고 아내를 위하여 밥을 짓고 돼지 기르기를 사람 대하듯 하면서 가사일을 도맡아 했습니다. 그리고 일을 처리함에 있어서 오호惡好간에 편애함이 없었고 생활소품을 만들고 다듬는 데 있어서도 소박함을 중요하게 여기면서 자족한 삶을 살았다고 합니다.

수행은 나와 존재의 근본을 보는 일이기에 수행을 마치면 기대할 그 무엇도 없고 남는 그 어떤 것도 없습니다. 훈

장도 없고 계급장도 없습니다. 지갑이 두둑해지지도 않습니다. 젠틀해지지도 않고 목소리가 거룩해지지도 않으며 피부가 하얗게 변하지도 않습니다. 오히려 장자가 그랬듯이, 거칠거칠하고 투박한 통나무처럼 있는 그대로의 자신을 받아들이며 하루하루를 삽니다. 단지 조금 더 기운생동한 느낌을 얻은 것이 이득이라면 이득일 것입니다.

삼자화를 피우다

자각의식을 구비하게 된 수행자는 철저하게 일상의 대지 위에 날개를 접어 내립니다. 행여나 마음 속에 수행으로 별천지비인간別天地非人間이 되려는 의도가 엿보인다면 이는 수행의 초기 단계부터 걸러내야 할 착각이자 망상임을 알아차려야 합니다. 또한 자신의 수행이력을 거론하며 용모에 꾸밈을 가하거나 거들먹거리는 언행을 보이는 사람은 고약한 수행병에 걸린 환자로 보아도 무방합니다.

수행자가 삼성리를 투과하여 실상을 관통하면 그의 마음에는 지난날 일상을 살면서 자신을 괴롭히던 심리적 장애가 해소되어 비 지나간 하늘이 푸르듯 청명한 개운함이 깃들게 됩니다. 이 개운함은 자신을 비추는 거울 같아서 있는 그대로의 자신을 받아들이도록 응원합니다. 그런 까닭에 수행자에게는 실상을 본 절정체험을 어떻게 하면 나의 삶 속에 육화肉化시켜 예쁜 꽃으로 피어나게 할까에 대한 아름다운 과제가 남겨집니다.

절정체험이 수행자의 삶에 씨 뿌려지고 자라나면 그 삶에는 삼자화三自花가 피어납니다. 삼자화는 세 장의 꽃잎으로 이루어져 있습니다. 자自연스러움의 꽃잎, 자自유스러움의 꽃잎, 자自기스러움의 꽃잎입니다.

수행의 결과를 이야기할 때 수행자의 기질과 그들의 표현 방식에 따라 약간의 뉘앙스를 달리할 수는 있지만, 결과에 내포된 공통적인 성분은 삼자화의 그것과 동일합니다. 그러므로 수행으로 행복을 얻은 사람은 자연스럽습니다. 자유스럽습니다. 그리고 자기스럽습니다.

여전히 억지스럽고 어디엔가 매어있으며 부지런히 남을 흉내내는 삶은 고통이요 비극입니다. 마음을 깨우는 여행을 하면서 세상살이에 대하여 볼 것을 보고 들을 것을 들을 줄 알게 되었는데 더 이상 무슨 자기고집이나 가면, 그리고 멋 부림이 필요하겠습니까.

수행을 했다고 에고가 사라지지는 않습니다. 수행을 했어도 에고는 남습니다. 마음여행을 마친 수행자가 만나는 에고는 부활한 에고입니다.

부활한 에고는 수행자가 자신의 실상이 무아임을 알고 거기에서 곧바로 에고의 실상 역시 무아임을 깨닫게 됨으로 드러나는 에고입니다. 에고의 실상이 무아임을 깨닫게 된 사람은 '에고는 소멸되었다'고도 할 수 있고 '에고는 더 가까운 나의 친구가 되었다'고도 할 수 있습니다. 표현이 문제가 아니라 무아를 관통하였느냐가 관건입니다.

본래 기독교에서의 부활은 한 존재가 낡은 옛 차원에서 새로운 피조물로 승화된 상태를 의미합니다. 이 변화는 존재를 바라보는 주체의 관점변화를 몰고 옵니다. 예수의 부활은 멈췄던 심장이 다시 뛰고 차가웠던 몸에 온기가 회복되는 식의 생물학적으로 되살아났음을 의미하지 않고, 그의 깨달음으로 세상을 바라보는 관점의 변화가 일어났음을 일컫는 은유로서, 차라리 거대한 우주적 농담이라고 해야 옳습니다.

예수부활의 의미를 알아차린 바울은 "나는 예수로 말미암아 옛 자아(에고)를 십자가에 못 박고 새로운 피조물이 되었다!"고 고백하였습니다. 부활한 에고를 벗 삼아 세상에서 승물유심하였던 예수를 일컬어 후대의 사람들은 그리스도라고 칭송하였고, 그 위에 교회를 세우기도 하였습니다.

지혜와 자비를 구비하다

부활한 에고는 자신의 본성이 무아임을 앎과 동시에 존재하는 모든 것에 대한 본성도 무아임을 압니다. 욕심꾸러기 사고뭉치였던 에고가 실상으로서의 무아를 깨닫게 되는 것은 자·타에 대한 분별심으로부터 풀려나 모든 존재를 동체로 바라보는 지혜가 발현되었기 때문입니다. 집착과 완고한 자아를 자신의 집으로 삼았던 에고의 어리석음이 깨어있음의 과정을 통하여 무너져 내린 폐허의 공간에 지혜의 빛이 새롭게 들어서게 된 것입니다.

수행자가 깨어있음으로 지혜를 얻게 된 것은 밝음을 모르고 살던 동굴 속의 원시인에게 손전등이 주어진 것과 같습니다. 세상에서 이처럼 황홀한 횡재는 그 어디에 다시 있지 않을 것입니다.

새로 세워진 에고의 집에 주인공으로 자리한 지혜는 바로 뒤따라서 동적인 역량을 발휘합니다. 지혜는 수행자에게 동체의식을 불러일으켜 타자에 대한 삶으로서 자비로운 삶을 준비시킵니다. 수행자가 얻게 된 지혜가 지혜 아닌 지식이었다면 관념의 장막에 머물면서 이웃에 대한 삶을 머리로만 해석하고 있었을 테지만, 지혜는 실천을 동반합니다. 꽃은 나비를 부르고, 손바닥의 마주침은 소리를 동반하는 이치와 같습니다.

이제부터 수행자는 마부입니다. 에고는 말입니다. 자비는 수레이며, 지혜는 바퀴입니다. 인류의 미래와 구원을 위한 가장 멋진 시스템이 갖추어진 것입니다.

통째로 살다

수행자의 일체체험은 일상에서 만나게 되는 상황들을 포용하여 일체화된 감각으로 살아가게 합니다. 이원론을 여의고, 분별의식을 넘어선 수행자는 자신이 발을 디디고 있는 세계를 볼 때, 더욱 아름답고 고맙고 신비로우며 살만한 세상임을 절감하여 성큼성큼 살아갑니다.

건강한 아이는 편식을 하지 않습니다. '수행유치원'을 다니기 전의 아이는 편식을 했어도 유치원을 다니는 아이는 편식의 습관을 버립니다. 수행교육이 일상에 커다란 유익을 가져온 결과입니다.

수행자는 삶의 요소요소들을 만날 때 가리거나 배척하지 않습니다. 자칫 갈망이 스며 나와 좋다고 생각되는 것을 끌어당기려는 옛 에고의 습관이 엿보이더라도 에고로부터 비롯되는 고통의 매운 맛을 익히 겪어 보았으므로 갈망의 소용돌이를 제어할 수 있는 깨어있음의 기술을 능수능란하게 구사할 수 있습니다.

수행자는 세상에 대하여 편식을 하지 않을뿐더러 과식도 하지 않습니다.
부요함에 처할 줄 알아 나눔에 인색하지 않고, 빈천貧賤에 처할 줄 알아 의기소침해지지 않습니다. 실패를 당해도 당당할 줄 알아 절망하지 않고, 성공을 소화할 줄도 알아 교만하지 않습니다. 이처럼 지혜로운 수행자는 어느 한 경계 안에 치우치지 않고 현상과 사물을 통째로 아우르며 살아갑니다.

몸으로 탄생한 나의 존재가 인과의 조건 속에서 점점이 이어지는 깡통쥐불놀이임을 아는데 어찌 표면적이고 임시적인 것에 궁궁하여 뱉어내려고 기를 쓰며 삼키려고 욕심을 삼겠습니까.

햄릿을 연기하든 시이저를 연기하든 광대를 연기하든 연기는 실상이 아닌 허상으로서 연극입니다. 지혜로운 배우는 배역에 일희일비하지 않습니다. 수행자는 시종일관 위풍당당합니다.

즐거워라 오늘은 춘삼월

금욕이 수행에 필요하지만, 수행은 금욕주의가 아니며 고행이 아닙니다. 수행은 이즘Ism을 넘어섭니다. 참된 거룩함은 일체를 체감하여 양변을 통합하는 데서 드러나듯, 수행자는 즐거워야 하는 세상에서 뒷걸음질치지 않습니다.

수행을 경험하였으면서도 걸핏하면 세상살이의 경계에 걸려 멈칫거리는 것은 수행을 하였음에도 불구하고 아직도 심리적인 장애를 치료하지 못하여 세상의 일정한 요소에 대한 두려움을 가지고 있거나 자신의 에고가 훼손되는 것을 불안해하는 마음이 남아있기 때문입니다.

수행을 경험한 사람들 중에 근엄하고 깐깐하여 이것저것 가림이 많은 선비나 시시콜콜 이유를 붙이는 꼰대는 수행의 인간상과는 거리가 멉니다. 창백한 넋을 가진 인간은 행복을 모르는 인간입니다.

수행자는 이세상을 춘삼월春三月로 알아 어디서든 꽃을 따고 풀피리를 불고 오는 천진난만한 소년과 같습니다.
잔치가 벌어졌으면 질펀하게 놉니다. 노래를 부르면 함께 부르고, 춤을 추면 몸을 던져 신나게 가락을 탑니다. 수행자는 있으면 쓰고 차려졌으면 먹고 잔이 있으면 즐겁게 마십니다. 수행자는 먹되 식탐하지 않으며, 술을 마시되 음식으로 알고 받들어 마십니다.
수행자는 먹고 마실 때 거리낌이 있으면 단념할 줄도 압니다. 거리낌 때문에 멈추는 것은 윤리이며, 그것은 타인에 대한 배려요, 배려는 곧 자비의 실천임을 압니다. 그렇게 되기 위하여 수행자는 노련한 솜씨로 일상의 깨어있음을 운용합니다.

술에 취하면 하루면 깹니다. 돈에 취하거나 명예에 취하고 자아에 취하면 평생토록 깨어나지 못합니다. 지금·여기를 도외시하는 삿된 종교에 취하면 구원은 영영 무망無望합니다. 차라리 하루 저녁 기분 좋게 취하여 장자의 나비 꿈에라도 은은하게 젖어보는 편이 훨씬 이로울 것입니다.

흔들리는 느낌

실상을 철견하여 얻은 눈뜨임의 결과물을 하나의 '느낌'이라고 할 때, 일상으로 돌아온 수행자는 실상에 대한 느낌을 갈무리함으로 하루하루를 살아갑니다. 그 느낌을 잘 활용하여 삶에서 닥쳐올 불행을 미리 예방하고, 어쩔 수 없이 맞닥뜨리게 되는 일상의 곤란함과 불투명한 상황을 예방하고 극복합니다.

줄곧 살펴보았지만, 세상에 고정불변한 것은 존재하지 않는 법. 수행자가 터득한 실상에 대한 느낌도 시간이 지나면 아수라장인 현실에서 흔들림을 겪게 됩니다. 그리하여 때가 되면 또 다시 때 묻은 거울을 닦듯 수행의 수건을 졸라매야 합니다.

'한 번 깨우치면 그것으로 끝'이라는 선가禪家의 돈오頓悟도 깨어있기 수행자가 겪는 처지와 다르지 않습니다. 돈오의 느낌도 세파에 출렁일 수 있고 그 느낌을 증득한 선가의 수행자도 다시 마음을 다잡아 선방에 나아가 화두를 잡고 흐트러진 마음을 추슬러야 합니다. 수행으로 얻은 느낌이 흔들리는 현상을 '이것 또한 그러하구나!'라고 무심하게 바라보는 것도 깨달음의 영역이라면 굳이 돈오를 탓할 수는 없습니다. 그것은 깨달음 이전에 세상사의 이치가 본래 상변에 따라 고정적이지 않기 때문입니다.

지혜로운 수행자는 수행의 느낌이 흔들려도 결코 불안해하지 않습니다. 느낌이 흔들리는 것을 수행의 실패라고 자조自嘲하지도 않습니다. 유능한 강태공은 자신이 잡아온 고기가 다 동이나도 마음만 먹으면 언제든지 강으로 나가 낚시를 드리울 줄 알기에 느긋합니다. 수행자도 수행의 느낌을 되살려 삶을 싱그럽게 하기를 원한다면 언제든지 깨어있음의 골방으로 들어가 아랫배에 온 의식을 쏟아 부을 수 있으므로 여유롭습니다.

강태공의 느긋함은 자신이 낚시하는 법을 망각하지 않는 한 강에 고기가 있음을 아는 실증적인 신뢰를 바탕으로 합니다. 느낌의 흔들림 속에서도 유지되는 수행자의 여유로 움은 깨어있음으로 자신의 심연에 이르렀을 때 철견하였 던 존재의 실상에 대한 체험에 바탕을 둡니다.

일상을 구슬 삼아

여행을 마치고 집에 돌아와 보니 떠나기 전의 모습과 하나도 달라진 것이 없음을 봅니다. 신발장에 쌓인 먼지, 문이 반쯤 열린 옷장…. 거울 앞에 서 있어 보아도 달라진 자신의 모습을 발견할 수 없습니다. 모두가 그 상태 그대로입니다.

외부의 상황만 그런 것이 아니고 내부의 상황도 마찬가지입니다. 마음 한 구석에 인격적으로 불합리하고 괴팍한 성격이 여전히 자리잡고 있음을 봅니다. 느려터진 동료를 보면 화도 나고, 시장에 갔을 때 계산에 민감하거나 서툰 자신을 만나기도 합니다.

그러나 그 모습으로 수행자의 됨됨이를 규정할 수 있는 것은 아닙니다. 수행자는 자신의 달라진 모습을 차차 만나게 됩니다. 수행에서 경험한 깨어있음의 약발이 일상에서 서서히 통하고 있음을 알게 됩니다.

신발장에 먼지가 쌓였든, 옷장 문이 반쯤 열렸든, 자신의 성격이 괴팍하든 두리뭉실하든, 일체의 모든 현상을 경기장에서 잠깐의 함성을 일으켰다가 사라지는 하나의 게임 정도로 바라보고 있는 자신을 만날 수 있습니다. 신문에 실린 아무개의 사진을 그냥 눈으로 훑으며 지나가듯, 자신 앞에 흐르는 일상을 덤덤하게 바라보고 있는 자신을 보게 됩니다.

그래서인지 일상의 바퀴를 굴리며 돌아가는 일에 그렇게 죽기 살기로 덤벼들 필요를 느끼지 못합니다. 아등바등하지 않습니다. 그렇다고 무위도식하는 인간으로 전락되는 것은 아닙니다. 눈에 보이는 대로 일을 하되 과정에 떠밀림 없이, 결과에 기댐 없이 일을 합니다. 진인사대천명盡人事待天命입니다.

또한 일상을 살다 보니 수행에서 힐끗 보았던 그 느낌이 가물거리기도 하고 다시 그 느낌을 만나고 싶기도 합니다. 그러나 그것은 표면에 드러나는 파도의 일렁임일 뿐, 수행자는 심연의 돈독함이 자신을 떠받치고 있음을 알기에 느낌의 흔들림이나 그것을 보고 싶어 하는 욕구에 끄달리지 않습니다. 느낌이 사무치게 그리워지면 구하고, 구태여 구하지 않아도 자유로움을 잃지 않겠거든 그것을 다시 얻겠다고 다그치려는 마음도 들지 않음을 봅니다.

그리고는 한번 만났던 깨어있음의 여행은 평생 잊을 수 없는 벗이 되었음을 알며, 그 벗과 더불어 자신을 잘 이해하고 세계에 대하여 좀 더 관대해지기를 바라면서 고마워합니다.

수행은 실상을 보는 것입니다. 실상을 본 수행자는 문득 구슬을 한 번 가지고 놀았었음을 기억하고, 일상을 구슬 삼아 여여하게 살아갑니다.
이것이 수행자에게 남는 모든 것입니다.

마음여행을 마치며

여행을 마치고 돌아와 잠자리에 누웠습니다.
나도 누웠고 마음도 같이 누웠습니다.

창 밖이 밝아옵니다.
잠에서 깨어 아침을 맞습니다.
지나간 밤은 밤이요 지금 아침은 아침입니다.

기분이 상쾌합니다. 감사한 일입니다.
이런 기분을 오랜만에 맛봅니다.
하나님이 천지를 만드신 후 보시기에 모든 것이 좋았다
고 하신 말씀에 전적으로 공감이 됩니다. 건너편 나무들의
이름을 묻고 싶고, 여행에서 있었던 이야기들을 들려주

고 싶습니다.

커피를 마시며 슈베르트 교향곡 9번, 「그레이트Great」를 듣습니다. 관악기의 웅장한 사운드가 하늘 어딘가로 나를 리드미컬하게 휘감아 올릴 것 같습니다. 하늘을 저만치 한 바퀴 돌고 난 다음 황금색 음표들로 변신하여 다시 땅 위로 내려 앉을런지요.

행복하려면
마음을 보십시오.
마음 이외의 다른 데 별 것 없습니다.
마음을 보아 저것과 다름 없는 이것을 만나 편안하십시오.

그렇게 마음을 보노라면 세상은 생각보다 살만하고 부드럽고 감미로운 곳임을 알게 됩니다. 아직 찌뿌둥한 것은 마음이 안개에 눌려 있기 때문입니다. 조금만 기다리면 해가 떠오를 것입니다. 그렇게 되면 안개도 따라서 걷히게 되겠지요.

지금 안개가 드리운 모습을 언젠가 저만치 놔두고 보게 될 때가 올 것입니다. 그때가 되면 이 풍경이야말로 절경이었음도 알게 될 것입니다. 그러니 목전의 안개에 너무 답답해하지 말고 지금 이대로 한바탕 기뻐해봄직도 하지 않을까요.

여행을 함께 해주셔서 감사합니다.
깨어있음으로 행복하십시오.

마음을 깨우는 여행

초판발행 | 2018년 4월 6일
지은이 | 김철원
편　집 | 임동숙
디자인 | 박지혜

펴낸곳 | 도서출판 건교
펴낸이 | 임동숙
주　소 | 서울시 종로구 진흥로 21길 13
전　화 | 02 · 732 · 7034
이메일 | ydsrosa@naver.com
블로그 | http://blog.naver.com/keongyo
출판등록 | 제300-2012-73호
ISBN | 979-11-89142-00-1